U0865440

古書的裝幀

中国书册制度考

马　衡　等著

浙江人民美术出版社

图书在版编目(CIP)数据

古书的装帧 ：中国书册制度考 / 马衡等著. -- 杭州 ：浙江人民美术出版社，2019.5(2019.10重印)
ISBN 978-7-5340-5993-3

Ⅰ. ①古… Ⅱ. ①马… Ⅲ. ①书籍装帧－图书史－中国－古代 Ⅳ. ①G256.1-092

中国版本图书馆CIP数据核字(2017)第154764号

古书的装帧

中国书册制度考

马　衡　等著

责任编辑　霍西胜
责任校对　余雅汝
装帧设计　傅晓冬
责任印制　陈柏荣

出版发行　浙江人民美术出版社
（杭州市体育场路347号）
网　　址　http://mss.zjcb.com
经　　销　全国各地新华书店
制　　版　浙江时代出版服务有限公司
印　　刷　浙江海虹彩色印务有限公司
版　　次　2019年5月第1版 · 第1次印刷
2019年10月第1版 · 第2次印刷
开　　本　787mm × 1092mm　1/32
印　　张　3.75
字　　数　68千字
书　　号　ISBN 978-7-5340-5993-3
定　　价　36.00元

如发现印刷装订质量问题，影响阅读，
请与出版社市场营销中心联系调换。

出版说明

首先需要明确的是，文献学中的“书册制度”（亦称“书籍制度”）一词，与现代意义上的书籍装帧并非完全对等。本书之所以采用“古书的装帧”的书名，则是出于方便现代读者理解和接受的考虑。《中国文化大百科全书·综合卷》之“书籍制度”条云：“图书具有的一定物质形式，它是由四个基本要素构成的：文字图像与信号、知识信息、物质载体、生产工艺，它们互相结合起来构成图书。构成图书的四个要素在不同的历史时期和社会条件下，都有其独特的变化和发展历史，它们相互交织、互相影响而形成各具时代特色的图书。所以，图书在一定历史时期所具有的特定的物质形式就被称为书籍制度。”总体来说，这是对书册制度内涵较为科学的界定。

本书收录内容，皆是研究书册制度较为经典的五篇文章，分别为清人金鹗《汉唐以来书籍制度考》、日人岛田翰《书册装潢考》、马衡《中国书籍制度变迁之研究》、余嘉锡《书册制度补考》以及李耀南《中国书装考》。其中，《汉唐以来书籍制度考》选自阮元所辑《诂经精舍文集》，并参考了张舜徽先生《文献学论著辑要》。《书册装潢考》选自《古文旧书考》，并参考了杜泽逊先生等点校本。《中国书籍制度变迁之研究》初刊于《图书馆学季刊》第一卷第二期，后改订收入《凡将斋金石丛稿》，易白话而为文言，今即据《凡将斋金石丛稿》本予以整理。《书册制度补考》初刊于《文献特刊》，后收入《余嘉锡论学杂著》，亦多有改动，今亦据《余嘉锡论学杂著》予以整理。《中国书装考》初刊于《图书馆学季刊》第四卷第二期，后收入《北京图书馆同人文选》，今据《北京图书馆同人文选》本予以整理。

现将各篇作者简单介绍如下：

金鹗（1771—1819），字风荐，号诚斋，浙江临海人。优贡生，工词章，尤邃精三礼之学。阮元建诂经精舍，金氏与洪颐煊等讲肄其中，学业大进，名盛一时。其治经推阐汉宋先儒诸说，辅翼群经，发前人所未发，无墨守门户之见。时人如王引之、郝懿行及陈奂等，咸相推服。

岛田翰 (1879—1915)，字彦桢，出生于日本东京汉学世家。其父岛田重礼是日本幕末和明治时期著名的汉学家，培育了大批知名汉学研究者。岛田翰幼秉庭训，后又师从著名学者井井夫子、竹添光鸿等人，对于汉籍版本、校勘之学有极深研究。二十世纪初，岛田翰曾至中国访书，并促成陆心源皕宋楼典籍入藏静嘉堂。

马衡（1881—1955），字叔平，别署无咎、凡将斋主，浙江鄞县（今宁波）人。早年求学于南洋公学，后任职于北京大学，并兼任西泠印社社长、故宫博物院院长。马氏毕生致力于经史、金石学研究，尤其注重文献记载与实地实物考察的结合，对中国考古学由传统金石考证发展为现代意义上的田野发掘起到了积极的推动作用。

余嘉锡(1884—1955)，字季豫，湖南常德人。清光绪二十八年(1902)举人，任吏部文选司主事。后任教于常德师范学校。1927年以后，在辅仁大学、北京大学、中国大学及北京女子师范大学等多所高校任教，主讲目录学。曾当选为中央研究院院士。余氏学养深湛，功底深厚，在文献学、历史学等方面均有极高造诣。

李耀南(1884—1948)，字照亭，籍贯不详。自民国七年(1918)起，长期供职于北平图书馆，后任善本部考订组组长、编辑。(1918年《教育公报》尝刊布命令，有“本部学习员李耀南应专派在京师图书馆办事”云云，或即其人。) 1935年华北事变后至1945年抗战结束期间，曾数次护送北平图书馆所藏善本古籍南迁南京、上海。与张元济、陈垣等学者多有交往。

另外需要说明的是，在本书所选辑的五篇文章之外，还有不少讨论书册制度的经典文章，但或因专题性太强，如汪继培、徐养原《周代书册制度考》，王国维《简牍检署考》等；或因与已收文章存在较多重复，如俞士镇《古代书籍制度考》、靳极苍《中国书籍制度与古书》及李景新《中国书籍装潢小史》等，均未选辑。

在编辑过程中，我们参考今人的研究成果，随文插配了相关的图片，希望对读者有所裨益。因水平有限，书中讹误及不足在所难免，恳望读者批评指正。

浙江人民美术出版社

二〇一九年四月

目 录

汉唐以来书籍制度考

（清）金鹗 撰

汉唐以来书籍制度考

（清）金鹗 撰

三代之书，皆用方策。汉唐以来，制度代异。汉初，因周制，仍用简册，而帛与竹同用。戴氏宏云：《公羊传》至汉景帝时，公羊寿乃共弟子胡毋子都箸于竹帛。此竹、帛并用之证。《汉书·艺文志》："欧阳、大小夏侯三家经文，《酒诰》脱简一，《召诰》脱简二。"可知其书于竹也。然古书有篇无卷，而《艺文志》所载如《尚书》古文经四十六卷，经二十九卷，可知其书有用帛者矣。"篇"字从竹，故竹书曰篇；帛可卷舒，故帛书曰卷。通言之，则竹书亦曰卷，帛书亦曰篇也。古诗云："中有尺素书。"《风俗通》云：刘向校书，皆先书竹，改易删定，可缮写者以上素。《书籍考》云：灵帝西迁，缣帛散为帷囊。皆可见汉书之用帛也。至蔡伦造纸，而书籍始用纸，然帛与纸犹并用也。厥后不用帛而用纸矣。汉唐之时，未有印板，其书皆以纸素传写。《抱朴子》所写反覆有字。《金楼子》谓细书《经》《史》《庄》《老》《离骚》等六百三十四卷在巾箱中。桓谭《新论》谓梁子初、杨子林所写万卷至于白首。南齐沈驎士，年过八十，手写细书满数十箧。梁袁峻自写书课日五十纸。后周裴汉借异书躬自录本，盖书之难得也。其书籍制度不作册而为卷轴。胡应麟云：卷必重装一纸，表里常兼数番。每读一卷，或每检一事，紬阅展舒，甚为烦数。收集整比，弥费辛勤。罗璧云：古人书不解线缝，只叠纸成卷，后以幅纸概粘之，犹今佛老经，然其后稍作册子。今考《唐书·经籍志》云：藏书分为四库，经库书，绿牙轴，朱带，白牙签；史库书，青牙轴，缥带，绿牙签；子库书，雕紫檀轴，紫带，碧牙签；集库书，绿牙轴，朱带，红牙签，其制度大略如此。至唐末，益州始有板本，多术数、字学小书。后唐长兴三年，始依石经文字刻九经，印板流布天下，命马缟、田敏等详勘。《宋史·艺文志》谓始于周显德，非也。宋端拱元年，司业孔维等奉敕校勘孔颖达《五经正义》，诏国子监镂板行之。淳化中，复以《史记》、前后《汉书》付有司摹印。自是，书籍刊镂者益多。庆历中，有布衣毕昇，又为活板。其法用漆泥刻字，薄如钱，每字为一印，火烧令坚，印数十百千本，极为神速。镂板之地，蜀最善，吴次之，越次之，闽又次之。刻板之木，初以梓，后以梨或以枣，此唐以后书籍之制度也。间尝考之，古之书籍皆写本，最为不便。汉熹平始有石经，唐开成、宋嘉祐亦皆有之。后晋天福，又有铜板，九经皆可纸墨摹印，无用笔写。然其制颇难，传亦未广。至板本盛行，摹印极便，圣经贤传乃得家传而人诵，固亦有功名教矣。然写本不易传，录者精于雠对，故往有善本。自板本出，讹谬日甚。后学者无他本可以勘验，其弊亦不少也。

书册装潢考

（日）島田翰 撰

书册装潢考

(日)岛田翰 撰

尝考书册装潢之制，三代以上用方策，春秋以至汉，竹、帛并用，汉以后始用纸，帛与纸多装为卷子。隋唐之间有旋风叶，至北宋有蝴蝶装，蝴蝶装变而遂为线缝。何谓方策？三代经策之今可知者，大要有三：有书于木者，有刊于竹者，有著于金玉者。其书于木者谓之版，又谓之方。《周礼》："小宰听闾里以版图"，"司书掌邦人之版、土地之图"，"司会掌版图之二"，"内宰掌书图之法，以治王内之政令"，"大胥掌学士之版"，"司士掌群之版"，"司民掌登万民之数，自生齿以上皆书于版"。此书之以版者也。《内史》："王制禄则赞为之，以方出之"，"哲蔟氏掌覆夭鸟之灾，以方书十日、十有二辰、十有二月、十有二岁、二十有八星之号，县其巢上则去之"，注"方，版也"。此书之以方者也。方又谓之牍，《内史》注："杜子春云，方直谓今时牍。"《说文》："牍，书版也。"《论衡》："断木为椠，析之为版，力加刮削，乃成奏牍。"然则牍与方，名虽异，其实一也。其刊于竹者谓之简，又谓之策。《王制》："太史典礼，执简记奉讳恶。"《左·襄二十五年传》云："南史氏执简而往。"《毛诗·小雅·出车》篇"畏此简书"，《传》

云："简书，戒命也。邻国有急，以简书相告。"此书之以简者也。《论衡》云："截竹为筒，破以为牒，加笔墨之迹，乃成文字。"《说文》以牒训简，牒、札转注相训。《急就篇》："急就奇觚与众异。"《文选》陆机《文赋》注："觚，木之方者。"《尔雅》："简谓之毕。"《文心雕龙》："短简为牒，牒之尤密谓之签。"即简又谓之牒、札、觚、毕、签也。《内史》："凡命诸侯及孤卿大夫，则策命之。"《左·僖二十八年传》："襄王使内史叔兴父，策命晋侯为侯伯。"襄三十年《传》："郑命伯石为卿，三辞乃受策。"又隐十一年《传》云："灭不告败，克不告胜，不书于策。"襄二十年《传》云："名藏在诸侯之策。"此书之以策者也。策又作册，《广雅》："笧，书也。笧古文册，从竹也。"《左氏传序疏》："单执一札，谓之为简，连编诸简，乃名为策。"又云："策或作册。"是策、册古今字也。其用金与玉者，《逸周书·大聚解》"召昆吾冶而铭之金版"，张衡《西京赋》"乃为金策，用锡此土"，《左·昭六年传》"郑人铸刑书"，二十九年《传》"一鼓铁以铸刑鼎"，则金、铁古相通用也。《素问》曰"著之玉版"，盖非邦国大典，则圣贤大训，要非所常用也。其所常用，竹木也。周时史策之外，官廷文书类用木版，盖便于更换，不复编缀。而学士所习则多用竹，故《周礼》每言方版，而六经则皆称简策。《独断》云："简者，策也。"《广雅》云："笧，谓之简。"则浑言之，谓之简策也。其

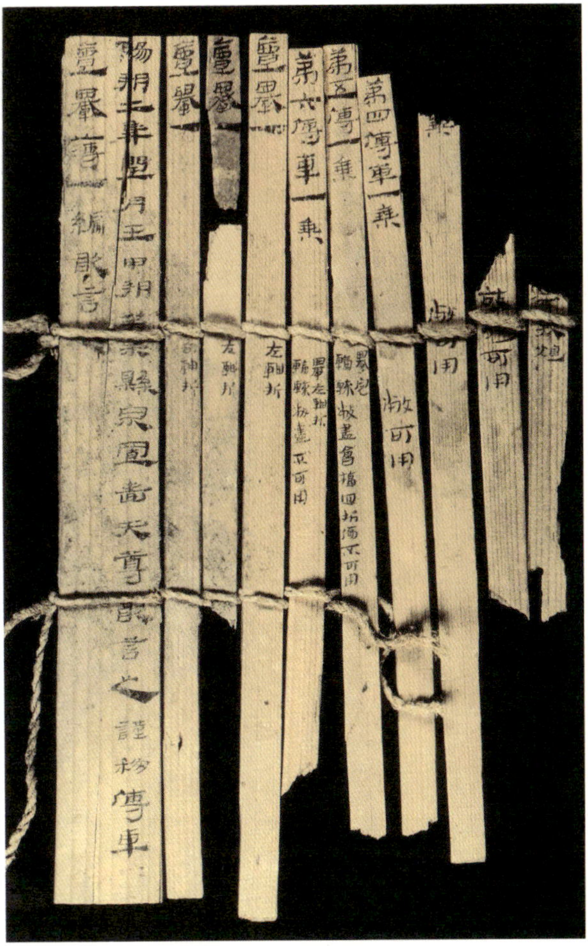

甘肃敦煌地区出土西汉简牍

编策也，用韦与丝。《史记》云：“孔子晚喜《易》，韦编三绝。”《北堂书抄》引刘向《别录》云：“《孙子》书以杀青简，编以缥丝绳。”《南史·王僧虔传》云：“楚王冢书青丝编。”大抵上品用韦，下品用丝也。其编连之法，上下各一孔，用韦又丝以贯其孔。古文册作冊，《释名》云：“编之如栉齿相比也。”观其字形，可以知其制也。其一简所容之字数，《汉志》云：“刘向以中古文校欧阳、大小夏侯三家经文，《酒诰》脱简一，《召诰》脱简二。率简二十五字者，脱亦二十五字。简二十二字者，脱亦二十二字。”《仪礼疏》谓“郑注《尚书》三十字”，又引服虔《左氏传注》云“古文篆书一简八字。”若三十字，若二十五字，若八字，乃知元无定数也。其简策长短之度，《仪礼·聘礼记》疏云：“郑《论语序》云:《易》《诗》《书》《礼》《乐》《春秋》策皆尺二寸。《孝经》谦半之。《论语》八寸策者，三分居一，又谦焉。”所引郑序之讹脱不完，则清金鹗既辩之矣。翰更论定之，以二证二误。曰：“尺二寸”当作“二尺四寸”，盖六经策皆二尺四寸，故《孝经》“谦半之”，乃为尺二寸；《论语》“八寸，又谦焉”，则以二尺四寸策三分之，乃为八寸也。考孔氏《左氏传序疏》云：“郑玄《注论语序》，以《钩命诀》云‘《春秋》二尺四寸书之，《孝经》一尺二寸书之’，故知六经之策皆称长二尺四寸。”观此，可见六经之皆用二尺四寸策，而《孝经》之为用尺二寸策，明甚也。贾《疏》所引郑《序》之讹脱不完，证一焉。《论衡·正说》篇云："说《论》者(《论》即《论语》省略，古书往往有此例。或云'论'下当有'语'字，此误脱。未知孰是）知说文解语而已，不知《论语》本几何篇。但周以八寸为尺，('但'下当有'知'字，此盖脱。)不知《论语》所独一尺之意。夫《论语》者数十百篇，以八寸为尺，纪之约省，怀持之便也。以其遗非经传文，纪识恐忘，故以但八寸尺，('以但'当作'但以'，此盖误倒。)不二尺四寸也。"观此，又可见六经之皆用二尺四寸策，而《论语》之为用八寸策，最明白足证也。贾《疏》所引郑《序》之讹脱不完，证二焉。如朱彝尊《经义考》、余萧客《古经解钩》引证郑《序》，亦唯沿用旧文，莫知是正。卢文弨著《仪礼注疏详校》，仍阙焉不言。唯王凤喈知其不可通，遂以《论语》"八寸"改作"四寸"，其意盖谓六经之策为尺二寸，则三分之，正得四寸，抑亦失考之甚。段懋堂以为《礼》《春秋》二疏所引，互有讹舛，遂私改郑《序》之文曰："郑引《钩命诀》云:《易》《诗》《书》《礼》《乐》《春秋》策皆长二尺四寸。《孝经》谦半之，一尺二寸。《论语》策八寸。尺二寸者三分居二，又谦焉。此古制也。见于《聘礼》,《左传序》正义者，乖异不同，今订之如是，未知然否。"翰谓此段氏以二《正义》所引凑合为文，而其误有二。郑《序》引《钩命诀》云"《春秋》二尺四寸书之,《孝经》一尺二寸书之",此所引系《钩命诀》全文。盖《钩命诀》特举《春秋》《孝经》

二经，不及他经，故何休《公羊传序》、郑《礼记·中庸》篇注并引《钩命诀》之文曰“吾志在《春秋》，行在《孝经》”，皆主二经立言。《白虎通·五经》篇曰：“孔子已作《春秋》，复作《孝经》何？欲专制正于《孝经》也。”《蜀志·秦宓传》亦曰：“孔子发愤作《春秋》，复制《孝经》。”此亦唯以二经并举，盖汉人古义如此也。然则《钩命诀》始无“《易》《诗》《书》《礼》《乐》”之文，以其特称《春秋》《孝经》二经之策，故郑得据以知六经之策，皆为二尺四寸也。段氏不察，乃于“《钩命诀》云”下增“《易》《诗》《书》《礼》《乐》”五字，此其一误也。郑《序》旧云“《论语》八寸策者，三分居一”者，谓以二尺四寸策三分之居其一，故为八寸也。段氏求其说而不得，妄以“策”字移入“《论语》”下，以“尺二寸”字移入“八寸”下，“三分居一”改作“三分居二”，此其二误也。翰窃谓今日可征古经简策之度者，盖仅赖郑《序》之存焉，而又幸有《左传正义》所引，及《论衡》可据，足以订其讹脱处，此宜亟为之表章者矣。乃兹述其所见为之说，并辨王氏、段氏说之误如右。（案，周一尺为今曲尺七寸六分，则六经之策二尺四寸，为今一尺八寸二分四厘；《孝经》一尺二寸为今九寸一分二厘；《论语》八寸为今六寸零八厘。盖周尺先儒无定说，此依狩谷卿云据莽布所考。其说实与宋秦熺《钟鼎款识册》所载古尺图合。而沈冠云著《周官禄田考》据此图为说，当时桂未谷斥为武断。然周幔亭、翁覃谿、阮芸台皆言其可信，今亦据以为定。又案，《左传正义》又云：“单执一札谓之为简，连编诸简，乃名为策。”《仪礼疏》云：“简谓据一片而言，策是编连之称。是以《左传》云‘南史氏执简以往’，是简者未编之称。”《仪礼·聘礼记》云：“百名以上，书之于策。”是其众简相连之名。私谓简是一片之名，则后人之一行，殆即简之遗制；册是连编之称，则后人之数行为卷者，盖即册之遗法。若夫有匡郭而无行款者，或即方版之遗意欤？并附记，以质博雅。）

何谓卷子？可舒可卷，故云卷。卷子之兴，始于用帛也。《墨子》云：“书于竹帛，镂于金石。”《齐民要术》云：“范子曰，以丹书帛，致之枕中，以为国宝。”《论语》云：“子张书诸绅。”而《史记》亦云：“鲁仲连乃为书，约之矢以射城中。”又：“高祖书帛射城上。”则六国秦汉之际，用帛多矣。此用帛之证。《太平御览》引王隐《晋书》云：“魏太和六年，博士河间张揖上《古今字诂》，其《巾部》云：纸，今帋也，其字从巾。古之素帛依旧长短，随事截绢，枚数重沓，即名幡纸。字从糸，此形声也。后和帝元兴中，中常侍蔡伦以故布捣剉作纸，故字从巾。是其声虽同，糸、巾为殊，不得言古纸为今纸。”由是而观，古者随事截帛，名之曰幡纸，而据纸之从糸，则直从缣帛得名，且取其平滑如砥也。成帝时“赫蹏书”，贾逵“简纸”，皆云缣帛，非谓今纸也。至蔡伦，乃造意用树肤、麻头及敝布、

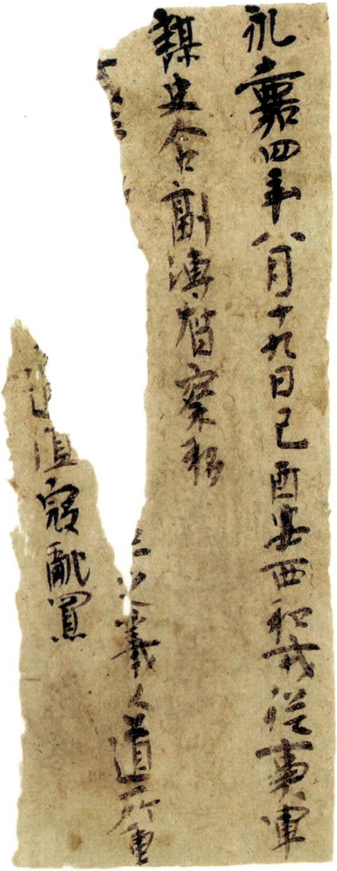

西晋时期楼兰残纸文书

鱼网以为纸耳。故孟康注《汉书·外戚传》云:“染纸素令赤而书之,若今黄纸也。”而《后汉书·蔡伦传》亦云:“自古书契多编以竹简,其用缣帛者谓之为纸。”则可知古者缣帛又谓之纸。而其用今纸,则自后汉时始矣。然当时简帛与纸犹并用也,其不用简与帛而专用纸者,盖昉于晋。故《大唐书仪》载李虔《续通俗文》《太平御览》引《桓玄伪事》并云:桓玄令曰:“古者无纸,故用简;今诸用简者,宜以黄纸代之。”(案,此谓官署公札,非谓士民所用也。然汉晋儒士之书写经传,犹有用简策者,《后汉书·周磐传》云“磐令二子编二尺四寸简,写《尧典》一篇,并刀笔各一,以置棺前,示不忘圣道”是也。)是其证也。

古者以一篇为一编策、一卷轴。《汉志》云“《春秋》古经十二篇”,是《左氏》经文依十二公为十二篇。又以数篇为一编策、一卷轴。《汉志》云“《经》十一卷”,班注云“公羊、谷梁二家”,说者云《公》《谷》经以闵公系于庄公下。(案,或云《左氏》经亦然,但以续经,别为一篇。)又云“《尔雅》三卷二十篇”,乃知篇卷过少者,即以数篇为一编策、一卷轴矣。(案,《汉志》以篇与卷并称。就《尚书》而言,经曰卷,传曰篇;《易》尽云篇;《诗》则皆称卷。而于《尚书》则云“《尚书古文经》四十六卷”,班注曰“为五十七篇”。由是而观,《汉志》之例,名数篇合者为卷也。然亦不能一概论之,盖分而言之，则竹书曰篇，帛书曰卷；通言之，则竹书亦曰卷，帛书亦曰篇也。）卷加之以帙，或云五卷为一帙。《北堂书钞》引阮孝绪《七录》云“大抵五卷以上为一帙”。《隋志》云“《周易》一帙十卷”，（卢氏注。）《倭名类聚抄》源顺序云“一百帙《文馆词林》”，而《群书治要》《经典释文》并以十卷为一帙。《考课令》云“《文选》上帙七帖”。案，《文选》三十卷，分为上、中、下三帙，盖古者以十卷为一帙。后人以人年六十、七十为六帙、七帙，本此也。《法书要录》载梁虞和《论书表》云：“二王缣素珊瑚轴，二帙二十四卷。又纸书飞白、章草二帙十五卷。”则又有以十卷、十二卷若七、八卷为一帙者，元无定数也。帙用斑竹，如细帘，其内袭以薄缯。《北堂书抄》引《晋中兴书》云：“傅玄盛书，有素缣帙、布帙、绢帙。”《入蜀记》云：“白乐天尝以文集留庐山草堂，屡散逸，宋真宗令崇文院写校，包以斑竹帙送寺。”盖其制可知也。其纸张之大小可想而得者，则《文房四谱》云：“晋令诸作纸，大纸一尺三分，长一尺八分，听参作广一尺四寸，小纸广九寸五分，长一尺四寸。”荀勖《穆天子传》云“谨以二尺黄纸写上”，而《尚书故实》则谓“率以一丈二尺为轴”，则一卷一轴之长短，亦可概见也。

《大唐书仪》云：“写以黄纸，界用铅栏。”《国史补》云：“宋、亳间有织成界道绢素，谓之乌丝栏、朱丝栏。又有茧纸。”《书史》云：“黄素《黄庭经》是六朝人书，上下是乌丝织成栏，其间以朱墨界行。”《广川书跋》及岳倦翁《宝真斋法书赞》并云，唐许浑用乌丝栏书其诗为集。盖用界画格即简策之遗意，殆肇于用帛时，而后世仍之，而帛与纸并有乌丝栏之名也。故《后汉书·襄楷传》曰：“初，顺帝时，琅邪宫崇诣阙，上其师干吉于曲阳泉水上所得神书百七十卷，皆缥白素、朱介、青首、朱目，号《太平清领书》。”又《吴志·孙策传》注引《志林》云：“宫崇诣阙，上师干吉所得神书于曲阳泉水上，白素朱界，号《太平青领道》，凡百余卷。”而此间所传唐宋钞本，栏界多用铅画。盖用墨画栏，则有浓有薄，而铅无此也。古者经典用简策，以竹为之，而书以漆又铅。或用方版，以铅画之，若有不当，则以刀削去之，更书他字。《西京杂记》云：“扬子云好事，常怀铅提椠从诸计吏，访殊方绝域四方之语。”《艺文类聚》引《东观汉记》云：“曹褒寝则怀铅笔，行则诵诗书。”而《大唐书仪》亦言“界用铅栏”。乃知用铅，其来远在汉以前，而用此画界，亦在于六朝以前矣。《倭名类聚抄》引晋陆士衡《要览》云：“二王暮年书胜于少，其缣素以珊瑚为轴，纸书以金为轴，次瑇瑁旃檀为轴。”而《法书要录》载梁虞和《论书表》亦略相同。《隋志》：“炀帝即位，秘阁之书，上品红琉璃轴，中品绀琉璃轴，下品漆轴。”《大唐六典》云：“其经库书钿白牙轴，黄带，红牙签；史库书钿青牙轴，缥带，绿牙签；子库书雕紫檀轴，紫带，碧牙签；集库

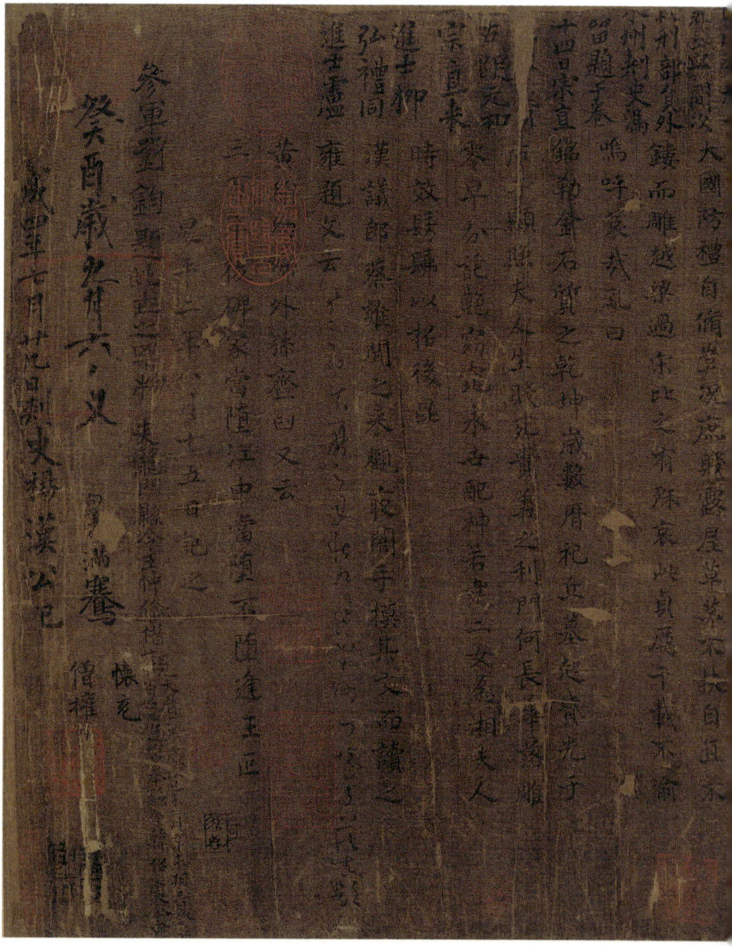

传晋人摹《真书孝女曹娥诔辞》，黄绢乌丝栏本

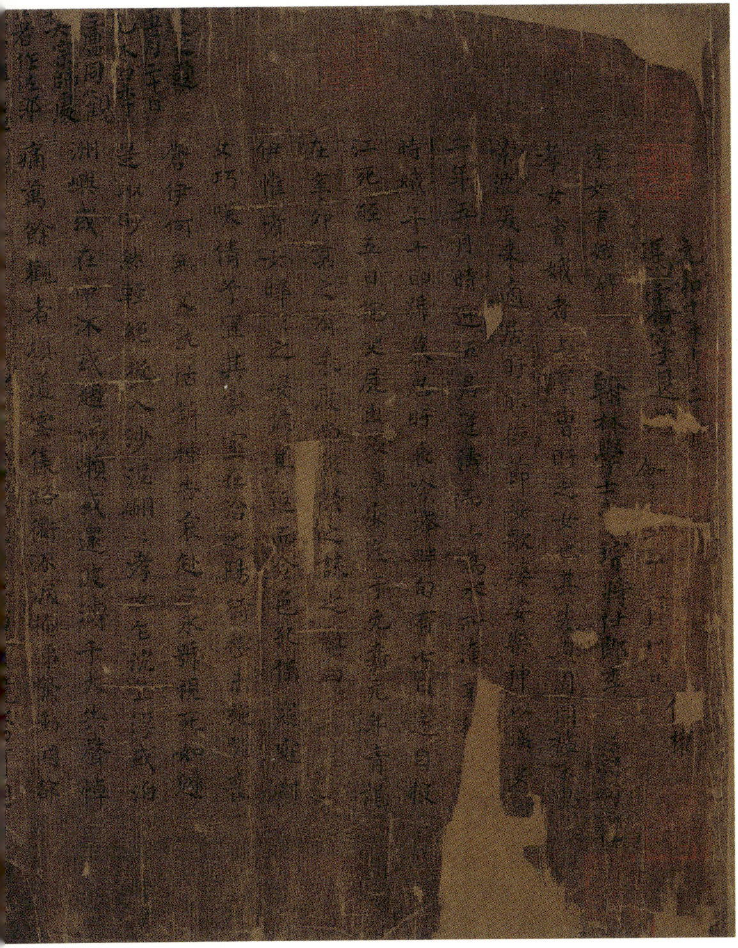

书绿牙轴，朱带，白牙签，以为分别。”(《六典》之文多讹，今据《旧唐志》《大唐书仪》改正。)《画史》云：“檀香辟湿气，画必用檀轴，有益，开匣有香而无糊气，又辟蠹也。”据此，旧时装轴粘表之制亦略可见矣。而又可以见师藏唐钞《扬雄传》，用乌丝栏，乃基于古式，而秘府旧钞卷子本《左氏集解》及《群书治要》等书多用紫檀轴者，赖以避蠹湿也。又卷子有背记、标记、识语。古纸坚致，表里皆可书，故《抱朴子》所写，反覆皆有字。《南史》云：沈云祯“以反故抄写”，即录注疏家诸说之及于经传者于纸背，为背记。又标字义句解及经传异同于栏上下及行间，为标记。卷末记其钞读起止，及其书之所以自来，为识语。是亦古人贵传统之意也。由是而观，大抵写以二尺黄纸，界栏用铅画，可卷舒者，是古卷子之制也。

《大唐书仪》曰：“隋时修文馆书写，卷末间一行留纸，每一卷毕，记名空处。”《延喜式》载：“凡写书者，发首留二行，卷末留一行空纸，然后题卷。”合而考之，卷末大名之前间一行者，书其钞起毕于何时也。往时贵师傅、家学，不知其所自，则虽圣贤之经传，亦有所不读也。卷末之必记书写年月及姓名，亦所以征信于后世也。而发首留二行空纸者，是盖古简策、赘策之遗意，汉晋以来之旧式，而旧时钞本莫不皆然矣。至后世移卷末之识语，而识之于卷尾大题之后，于是失特间一行之意矣。若失所以卷末空白必止于一行者，盖恐其末尾多蠹蚀剥落之难，乃内之大题前也。狩谷卿云注《倭名类聚抄》云：“至后废卷为册，虽卷首不留二行，然卷末隔一行，其意盖以发首二行为小题前二行是也。”或云：发首二行盖记篇中子目。案，古书目录皆退在末卷尾，且古者以一篇为一编策、一卷轴，又何借目录始知篇中之目乎？《经典释文》云：“马融、卢植、郑康成注三《礼》，并大题在下。”《诗疏》亦云：“郑注三《礼》《周易》《中候》《尚书》，皆大名在下。孔安国、马季长、卢植、王肃之徒，其所注者，莫不尽然。”案，一简所容字数，若三十字，若二十五字，若二十二字，若八字，要之元无定数，但夫所容字数如此其鲜，故一篇之简策必重多也，故以一篇为一编策。汉时如《周书》有七十一篇，故其分策亦七十一；《军礼司马法》有百五十五篇，故其连篇亦百五十五。而零碎如《诗》者，则以《周南》《召南》类为一篇。故简策之制，首策但题其小名而已，大名则无所用矣。古者一编策之外，别有二简称“赘策”者，在首策前，而大名则书之于赘策也，盖经策连编之法乃然也。迨至简策废，帛纸用，赘策之大名则无所用矣，然亦不辄遽削去之，但加之于小名下耳。隋时卷子之发首留二行者，犹是经策、赘策之遗意也。即如《仪礼》题“士冠礼”，此小名也，在上；“仪礼”二字，大名也，在下。故古书多称《士冠礼》而鲜言《礼》者，何者？以大名则非策内所题也。

《隶释》载《熹平石经》残碑，《八佾》篇末云“凡廿六章”，《阳货》篇末云“廿六章”，《尧曰》篇末云“凡廿篇万五千七百一口字。”秘府卷子本《左氏传》，每卷记其字数，末卷尾又总计其都数。乃知古书之体，每篇计其章数、字数，终篇又总其篇章及字数，盖烂脱由是以通，师传亦借此而存，是古人慎重之意也。故《毛诗诂训传》每篇必记几篇、几章、几句。赵岐《孟子题辞》云：“著七篇，二百六十一章，三万四千六十一字。”许慎《说文解字序》云：“十四篇，五百四十部，九千三百五十二文，重一千一百二十三。解说凡十三万三千四百四十一字。”《汉书·艺文志》乃每篇记其几家几篇，而卷尾又总之。盖古人体式固如此也。至后世，学士识见不远，视为繁芜，记每篇小数者，则遗卷末总数，其载总数者，则又遗每篇小数，无能两相存矣。观李鹗本《尔雅》与正平本《论语》而可知也。秘府《左氏集解》每卷计其本子字数，终篇又各总计之，而又载子本相加之都计数，是又《熹平石经》所无也。盖古者经传别行，大名书诸赘策，策中所题，即不过小名，故记字数，不通计大名，而单计小名。至后世，其制大坏，姑举《论语集解》言之。旧钞囊子本卷第一末云“经一千八十三字，注一千九百二十一字”，今详勘之，是注中加何《序》及何氏题名章数字，而大题、小题则属之于经字中，结构为稍精。而津藩缩临古本《集解》则已不然，卷第一末云“经一千四百七十字，注一千五百一十五字”，今计本经及“论语学而第一”“论语为政第二”十二字，得一千零八十九字；而加之以何序三百七十六字，及“何晏《集解》凡十六章”“何晏《集解》凡廿四章”，卷尾大名五字之三百九十七字，然后始正得一千四百八十六字。而于注文则得一千七百五十一字。又并算何序，乃得二千一百二十七字。是缩临本加本经以何序，而注中不加算之也。夫谓“经几字”则当单计本经也，而何氏之所以制序，在《集解》不在本经，则固当属诸注文也。而或经中算序，或经、注两算入何序，皆非其旧矣。且每篇有分章，分章各有意义，某氏所注，分为几章，某氏所授受，正得几字。乃记其章数、数字，以授其徒，即章数、字数是注家所加，亦当属于注文字数中。而宋本以下皆视卷末字数犹弁髦，遂混乱不可知，亦为可惜。藤原贞幹《好古日录》载其外祖手录之文云：“古竹简凡二十四枚，曲尺度之，长八寸许，广五分余，上下有孔，是所穿韦者。而其所镌之篆奇古，古色诚为可掬。一村落人家用是为覆酱，享保初年尚存。”又宋庆元建安刘之问所校刊《汉书》，援引十四通旧本，其第二通云“卷子古本古字”，则简策之遗，犹存于享保，（享保元年，即当清康熙五十五年。）而宋人逮见卷子本也。

何谓旋风叶？予犹逮见旧钞本《论语》及《醍醐杂事记》，

所谓旋风叶装也。旋风叶者，盖出于卷子之变。夫卷子之制，每读一书、检一事，细阅展舒，甚为烦数。于是后世取卷子叠摺成册，两折一张褾纸，概粘其首尾于褾纸，犹宋椠《藏经》，而其制微异。而其翻风之状宛转如旋风，而两两尚不相离，则又似囊子，故皇国谓之囊草子也。《读书敏求记》云："周公谨云，焦达卿有吴彩鸾书《切韵》，相传彩鸾所书。余从延陵季氏曾睹其真迹，与达卿所藏异，逐叶翻看，展转至末，仍合为一卷。《墨庄漫录》云'旋风叶'者即此，真旷代奇宝，因悟古人'玉燮金题'之义。"《退斋笔谈》称："宋哲宗以一旋风册子手自录次。"欧阳公《归田录》云："叶子格者，自唐中世以后有之。说者云，因人有姓叶、号叶子青（宋椠孙丁曾校语本云：一作'清'，或作'晋'）者撰此格，因以为名。此说非也。唐人藏书皆作卷轴，其后有叶子，其制似今策子，凡文字有备检用者，卷轴难数卷舒，故以叶子写之，如吴彩鸾《唐韵》、李郃《彩选》之类是也。骰子格，本备检用，故亦以叶子写之，因以为名尔。唐世士人宴聚，盛行叶子格，五代、国初犹然，后渐废不传。今其格世或有之，而人无知为。惟昔杨大年好之。仲待制简，大年门下客也，故亦能之。大年又取叶子彩名红鹤、皁鹤者，别演为鹤格。郑宣徽戬、章郇公得象，皆大年门下客也，故皆能之。余少时亦有此二格，后失其本，今绝无知者。"夫吴彩鸾《唐韵》即所装成旋风叶，而欧公名以为叶子，

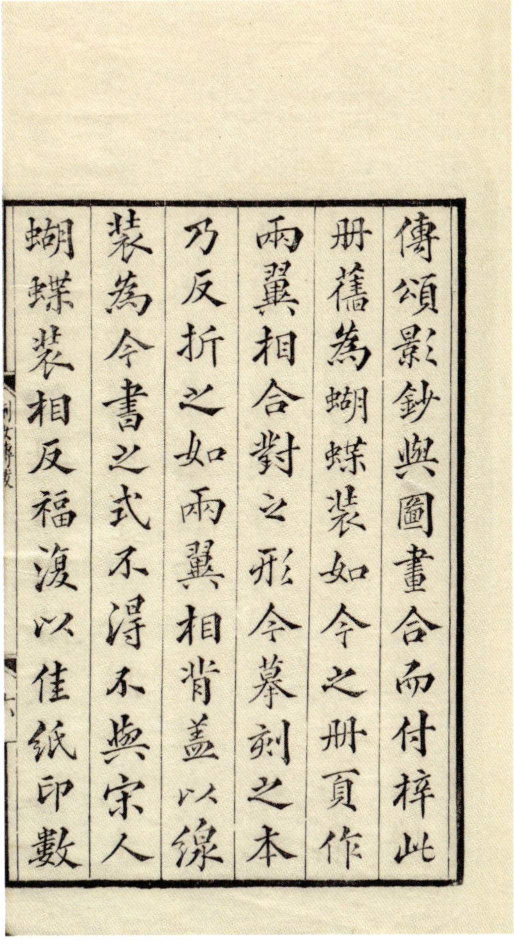

傳頌影鈔與圖畫合而付梓此冊舊為蝴蝶裝如今之冊頁作兩翼相合對之形今摹刻之本乃反折之如兩翼相背蓋以線裝為今書之式不得不與宋人蝴蝶裝相反福復以佳紙印數

《新刊古列女传》书影

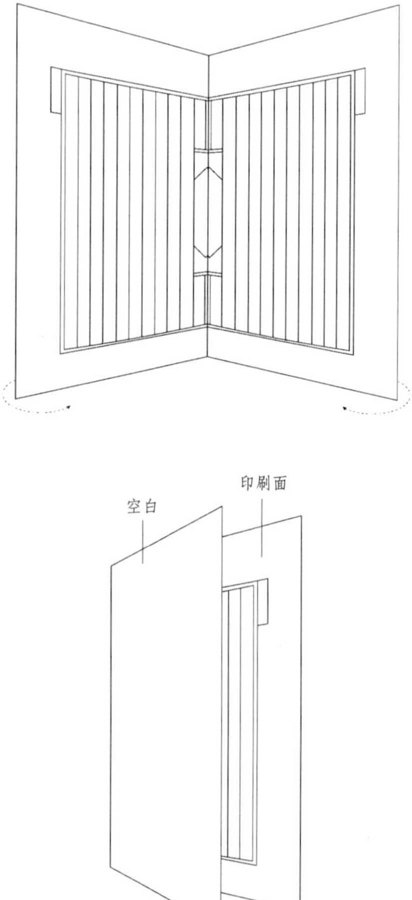

蝴蝶装折叠示意图（一）

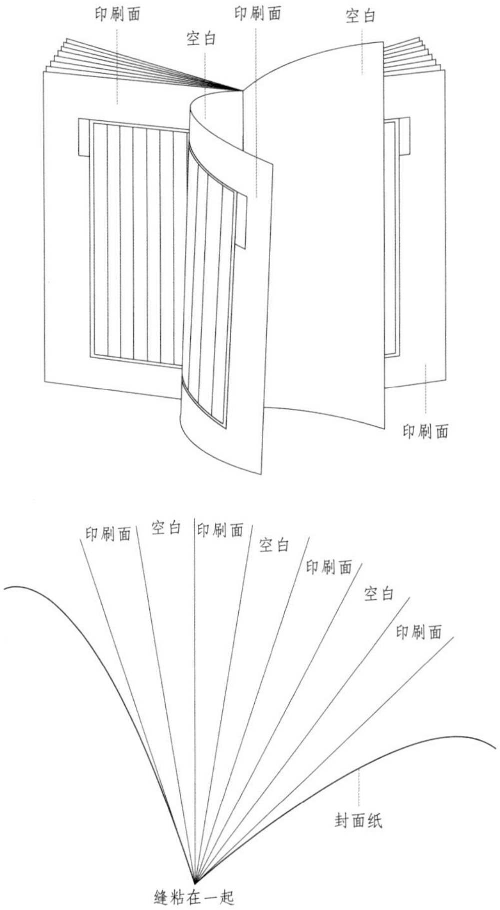

蝴蝶装折叠示意图（二）

是叶子即谓旋风叶也。而又云始于唐中世，今绝无知者，则其所由而来亦可类推也。其谓蝴蝶装者，宋王洙《谈录》云："作书册粘叶为上，虽岁久脱烂，苟不逸去。寻其叶第，足可抄录次叙。"《疑耀》云："今秘阁中所藏宋版诸书，皆如今制。乡、会进吾《试录》，谓之蝴蝶装，其糊经数百年不脱落。"盖古者书册皆装为卷子，其后以卷舒之难，因而为旋风折叶，久而折断，乃以糊粘其折处，因以为册子，谓之蝴蝶装也。夫如今之册页，作两翼相合对之形，是代糊以丝，则其制当然也。而蝴蝶装则反折之，如两翼相背，而皆例摺，四周外向，蝴蝶装之名盖由是起也。而以沾其脑，又谓之粘叶。案，予所目睹蝴蝶装，秘府有《太平寰宇记》《景文宋公集》，师翁藏《庄子注疏》。予亦收残本《左传》《白氏长庆集》《元氏长庆集》残本及《山谷诗集》，皆是制也。而清阮福作《列女传序》，详记其法，可以参考也。《演繁露》云："古书皆卷，至唐始为叶子，今书册也。"盖分而言之，则旋风叶曰叶子，蝴蝶装、线缝装曰册子，通言之，则册子亦曰叶子，叶子亦曰册子也。呜呼，由三代以之汉魏，从汉魏而至唐宋，装潢之法弃繁而趋简，舍难为而为易习，刷印钉装可立得百本，士之生于今世者，不亦可幸乎哉！

中国书籍制度变迁之研究

马 衡 撰

中国书籍制度变迁之研究

马　衡　撰

书籍为介绍文化之工具，其制度变迁之历史，应有研究之价值。惜年湮代远，书阙有间，欲求完全而有系统之知识，实属不易。所幸载籍之记录，实物之流传，虽属东鳞西爪，尚可得其大较。吾之所谓制度，是指材质与形式而言，并不包括撰述或流传方面。近人对此问题，已有不少之研究，并各有其贡献。关于最古者有王静安之《简牍检署考》，关于近代者有《书林清话》中之几节。今采取两家之说，益以后出之资料，更参加己见，草成此篇，以见书籍制度变迁程序。

一、材质及其兴废之时期

吾人言及书籍二字，一般人之观念，必以为即今之线装书。余所见故事画中，即有不少例证。但此为现代已进化之制度，而非初有书籍时之制。且演进之过程依时代而各异。凡事物之创造，必先粗制滥造，而后逐渐改进，以臻于巧妙。纸为二世纪初期之产物，以之写录书籍，更在其后。在未用纸以前，先用缣帛，缣帛以前又先用竹木。

竹木始于何时，今不可考，或自有书契以来即用竹木，亦未可知。缣帛之用，却亦不晚。《墨子·明鬼篇》曰：“故书之竹帛，传遗后世子孙。”《韩非子·安危篇》亦曰：“先王寄理于竹帛。”皆以竹与帛并举。可见周代虽用竹木，已知兼用缣帛矣。《汉书·艺文志》撮录群书，或以篇计，或以卷计。以篇计者为竹木，以卷计者为缣帛。卷之数不如篇多，又可见西汉时代缣帛虽已流行，而其用尚不如竹木之广。《后汉书·儒林传》注：“及董卓移都之际（一九〇年），吏民扰乱，自辟雍、东观、兰台、石室、宣明、鸿都诸藏，典策文章，竞共剖散。其缣帛图书，大则连为帷盖，小乃制为縢囊。”当东汉末年，缣帛为用之广，已可想见。但《阳球传》载灵帝时（一八〇年顷），球奏罢鸿都文学，曾言乐松江览等微进时，有“鸟篆盈简”“笔不点牍”之语。《荀悦传》记悦作《汉纪》时（献帝建安初，当二〇〇年），献帝诏尚书给笔札。当时所用犹皆竹木。意应制之作，以及官府文书，各有定制，不能随意变更，故仍用竹木。其余或已趋于便易，多用缣帛矣。官府文书之用竹木。不但汉末如此，直至南北朝之时，尚有一部分沿用者。然则竹木之命运，亦不为短矣。

至纸之创造家虽为蔡伦，而纸之名，则犹因于缣帛。据《后汉书·蔡伦传》言：“自古书契，多编以竹简，其用缣帛者谓之纸。缣贵而简重，并不便于人，伦乃造意用树肤、麻头及敝布、鱼网以为纸。元兴元年（一〇五年）奏上之，帝善其能，

居延遗址出土西汉古纸（又称金关纸）

自是莫不从用焉，故天下咸称蔡侯纸。”然则纸为缣帛之名，蔡伦所造者，并未锡以新名，犹是因缣帛之旧称。故蔡伦以前所谓纸者，皆指缣帛而言，如《意林》引应劭《风俗通》言：“光武车驾徙都洛阳，载素简纸经凡二千两（同辆）。”《后汉书·贾逵传》言：“（章帝）令达自选《公羊》严、颜诸生高才者二十人，教以左氏，与简纸经传各一通。”其时皆在蔡伦以前，所谓纸者，并非蔡侯纸也。但至蔡伦以后，纸之名遂为树肤、麻头等所造者所专有矣。

依《蔡伦传》所言，似造纸之动机，乃感到缣与简之不便，欲以之为代用品。但初造之时，不甚通行，惟家贫或不能用缣帛者用之。《北堂书钞》（卷一〇四）引崔瑗《与葛元甫书》曰："今遣送《许子》十卷，贫不及素，但以纸耳。"可知当时素贵纸贱，用纸者为不敬。魏晋之际，犹用缣帛，至南北朝时，始通行用纸。《隋书·经籍志》曰："魏秘书郎郑默始制《中经》，秘书监荀勖又因《中经》更著《新簿》，分为四部，总括群书……大凡四部合二万九千九百四十五卷，但录题及言，盛以缥囊，书用湘素。"又曰："其中原则战争相寻，干戈是务，文教之盛，苻、姚而已。宋武入关，收其图籍，府藏所有，才四千卷，赤轴青纸，文字古拙。"又曰："及平陈以后，经籍渐备，检其所得，多太建时书，纸墨不精，书亦拙劣。"《北堂书钞》（卷一〇四）引王隐《晋书》曰："陈寿卒，诏河南尹华澹下洛阳令张泓遣吏赍纸笔，就寿门下写取《三国志》。"张怀瓘《二王等书录》曰："桓玄爱重二王，不能释手，乃选缣素又纸书正行之尤美者，各为一帙，常置左右。"据以上记载书籍之事参互考证，晋时纸与缣帛兼用，至纸之完全代替缣帛，或在南北朝之时矣。竹、帛、纸三种材质兴废之时期，虽不敢确定其起讫界限，然行用时期，可大略得结论如下：

（一）竹木　自有书契以来迄于三四世纪。

（二）缣帛　自前四五世纪迄于五六世纪。

（三）纸　自二世纪迄于今日。

二、形式及其装置之法

材质既不同，故形式亦因之改变。缣帛之性柔，可以卷舒，藏之则卷，用之则舒，此之谓卷轴。纸之性质，与缣帛相近，行用初期，又在缣帛之卷轴盛行时代，故装置形式，与缣帛无异，仍是卷轴。但性质虽相近，而略有不同，缣帛为完全柔性，纸则于柔性之中含有坚致性质。其后感觉卷舒不便时，因坚致之特性而获得改良之道，即由卷舒之卷轴，一变而为折叠之叶子。叶子形式经多次之改变，又可分若干种，今对卷轴而言，可称之为册叶。至竹木之用，乃原始之制度，其形式系用竹木削成狭长之片，书字于其上。其名谓之简，以若干简编连之则谓之册（或写作策），总称之则谓之简册。今依时代先后，就简册（竹木）、卷轴（缣帛与纸）、册叶（纸）等形式，分节说明之。

甲、简册

简册二字之意既如上述，今更引贾公彦、孔颖达之言以证之。《仪礼·聘礼疏》：“简谓据一片而言，策是编连之称。”又《既夕礼疏》：“编连为策，不编为简。”《春秋左传序疏》：“单执一札谓之为简，连编诸简乃名为策。”以上诸策字，皆册之通假字。《说文》曰：“册，符命也。诸侯进受于王也。象其札一长一短，中有二编之形。”甲骨及金文册多作、等形，

皆象编简之形。故简册二字，可包括一切竹木制之书籍。若分析言，名目亦甚多，其字大半属于形声一类，竹制者从竹，木制者从木或片，如牍、札、牒、椠、版、簿、籍等皆然。由文字上推测，亦可窥见简册之制度。

简册之长短，亦可略言之。有长二尺四寸者，有长一尺二寸者，有长八寸者。贾公彦《仪礼·聘礼疏》引郑作《论语序》云："《易》《诗》《书》《礼》《乐》《春秋》，策皆二尺四寸（原文作尺二寸，今依阮元校勘记订正）；《孝经》谦半之；《论语》八寸策者，三分居一，又谦焉。"孔颖达《左传序疏》亦曰："郑玄注《论语序》以《钩命诀》云'《春秋》二尺四寸书之，《孝经》一尺二寸书之'，故知六经之策皆称长二尺四寸。"《通典》（卷五四）封禅使许敬宗等奏亦引《孝经·钩命诀》曰："六经册长二尺四寸，《孝经》册长尺二寸。"荀勖《穆天子传序》曰："以臣勖前所考定古尺度，其简长二尺四寸。"凡此所言，皆周时写六经、纪、传及国史之简，是用二十四之分数。及至汉代，其制又略有变更，据王静安所考：有长二尺者，有长一尺五寸者，有长一尺者，有长五寸者，皆二十之分数。敦煌所出汉木简之属于书籍类者，如《急就篇》一尺五寸，而《相马经》、医方等皆长一尺，元康三年历书长一尺五寸，而其余神爵三年、永光五年、永兴元年等历书又皆长一尺。此为秦以前与汉以后简册长短不同之点。

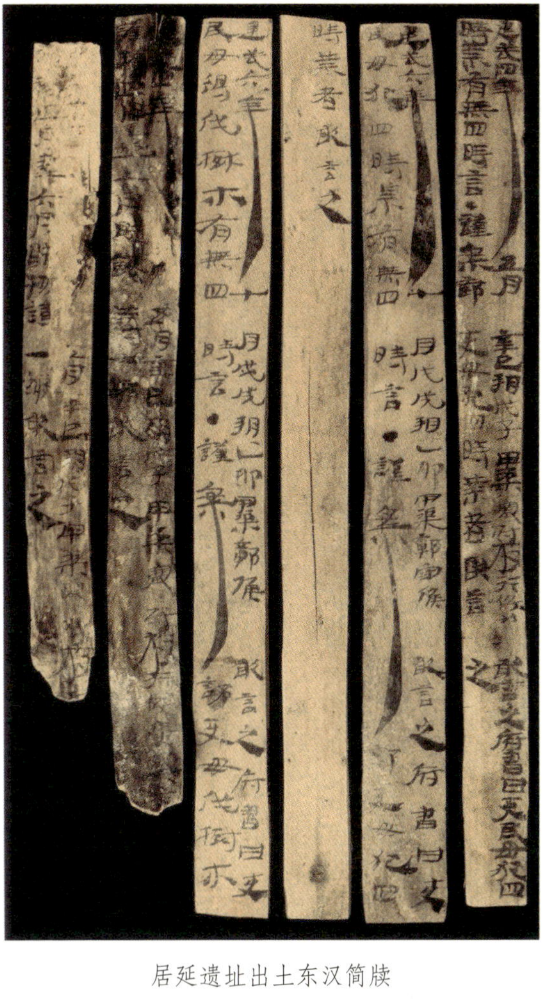

居延遗址出土东汉简牍

每简所容字数之多少亦无定，据《汉书·艺文志》：“刘向以中古文（《尚书》）校欧阳、大小夏侯三家经文，《酒诰》脱简一，《召诰》脱简二，率简二十五字者，脱亦二十五字，简二十二字者，脱亦二十二字。”《仪礼·聘礼疏》：“郑注《尚书》三十字一简之文，服虔注《左氏》云‘古文篆书，一简八字’。”荀勖《穆天子传序》曰：“一简四十字。”是则容字之数，有四十字者，有三十字者，有二十五字者，有二十二字者，有八字者。意者容字多者，或为长二尺四寸之简；《左传》八字，或即同于《论语》用八寸简与？然同是二尺四寸之简，最多者能容四十字，最少者只容二十二字，可见字数之多少，是无定也。敦煌所出《急就篇》，以一章为一简，每章六十三字。有面背分作三行写，每行二十一字者；有分作两行写，一行三十二字，一行三十一字者。字书写法固应整齐画一，据《汉书·艺文志》：“汉兴，闾里书师，合《苍颉》《爰历》《博学》三篇，断六十字以为一章，凡五十五章，并为苍颉篇。”字书为讽诵之书，故编辑时即有一定字数，如乐歌之分章，与其他书籍不同也。

编简为册之法，据《说文》说，“中有二编”。据蔡邕《独断》言：“策，简也……其制长二尺，短者半之。其次一长一短，两编下附。”古文册字作、诸形，可以考见二编、两编之说，乃以绳横贯诸简，上下各一道，使诸简排比成册。西北科

学考查团所得居延诸简，以年代久远，多为断简残编。但其中有二册，一为兵器簿，共七十七简；一为给丧假之文书，共三简，上下两编皆为麻线编成。兵器簿之两编且于右侧连贯，正如象形字之册。此由西北干燥，其编尚未腐朽也。至编之之物，有用皮者，有用丝者。《史记·孔子世家》云："孔子晚而喜《易》，读《易》，韦编三绝。"韦为熟皮，以熟皮为缕以编简，谓之韦编，此为以皮编者。《太平御览》（卷六〇六）引刘向《别录》曰："《孙子》书以杀青简，编以缥丝绳。"荀勖《穆天子传序》曰："皆竹简，素丝纶。"《南史·王僧虔传》曰："楚王冢书，青丝编。"此为以各种色丝编成者。居延简则以麻线编成，又为历来记载所不及。可见普通书籍不必定用韦编、丝编也。

治竹木之法，古籍中亦略可考见。《论衡·量知篇》曰："大竹生于山，木长于林，未知所入。截竹为筒，破以为牒，加笔墨之迹，乃成文字。大者为经，小者为传、记。断木为椠，析之为版，力加刮削，乃成奏牍。"《风俗通》引刘向《别录》曰："杀青者，直治竹作简书之耳。新竹有汁，善朽蠹，凡作简者，皆于火中炙干之。陈楚间谓之汗，汗者，去其汁也。吴越曰杀，杀亦治也。"可见治竹较治木为烦也。书籍之编简为册，简之多寡，当视其文之长短而定，文长者一册或数十简，如兵器簿然。庋藏之时，由卷尾卷至卷首，而于其中别插一简，标其名称。此又由兵器簿实验而得者也。

简册之字，据叶焕彬所考，一为刀刻，一为漆书。而王静安所考，书刀用以削牍，而非用以刻字，虽殷周之书亦非尽用刀刻。两说虽各有理由，而余以王说为长。《考工记》“筑氏为削”，郑注云：“今之书刀。”《释名·释兵》云：“书刀，给书简札有所刊削之刀也。”所谓刊削者，谓有谬误，则以刀削去之也。《史记·孔子世家》曰：“至于《春秋》，笔则笔，削则削。子夏之徒，不能赞一辞。”颜师古《汉书·礼乐志注》云：“削者，谓有所删去，以刀削简牍也；笔者，谓有所增益，以笔就

东汉铁错金书刀

而书之。”盖古人以刀与笔并称，与所谓笔削者本是一意，非谓以刀刻字也。

至写字所用之材，最初以漆书，其后利用石墨。因为照进化程序言，应先用天然材料，而后有比较进步之人工制造材料。漆为木汁，无待于发明，文字最初用漆书，应为合理之事实。漆之燥湿不易调节，故又改用石墨，亦即石炭，俗谓之煤。顾微《广州记》曰：“怀化郡掘堑得石墨甚多，精好可写书。”戴延之《西征记》曰：“石墨山北五十里，山多墨，可以书。”是皆天然之墨。今称燃料曰煤，盖即墨字也。又其后以松烧烟，加胶制墨，则出自人工制造矣。但《后汉书·杜林传》所载“漆书《古文尚书》一卷”，及《后汉书·儒林传》所言“贿改兰台漆书经字”，恐已非真漆书。盖后汉时人造书墨已盛行，不应尚用漆书，或此为相传古本，非汉时所书也。

乙、卷轴

卷轴之制，今所可考见者，皆为隋唐以后之记载。其时已完全用纸，不知缣帛之制如何。敦煌所出六朝卷子亦为纸者，形式与隋唐时相同。故今日所可考者，只限于纸之卷轴。然由纸以推测缣帛，或亦无甚区别也。卷轴皆横行，高约一尺，长短无定制，简册编为一篇者，则卷轴写作一卷。今之书籍虽改作册叶，而犹称为卷者，乃沿卷轴之旧名也。缣帛之篇幅本是仄而长，以之为长轴，可以无接缝，《初学记》（卷二一）谓“古者以缣帛，依书长短，随时截之”是也。纸之篇幅不如帛长，则以数纸连为一幅。其接缝之处，以胶粘连之。如有钤印或署名者，则谓之印缝，或曰押缝，或曰款缝。敦煌所出卷轴，虽至断烂，而粘连之处未有脱落者，不知其装潢之法如何也。梁徐陵《玉台新咏序》曰：“五色花笺，河北胶东之纸。”谓以五色纸连成一幅，今日本奈良正仓院藏唐写卷子本《王子安集》，即为五色笺，知徐文非铺张也。古纸厚于今纸，单层之纸即可装治成轴，不似今之手卷，必以纸数层装背之。古时抄书，必以墨画直格，唐时谓之边准，宋时谓之解行。宋程大昌《演繁露》（卷七）引《李义山集新书序》（卷七）曰：“治纸工率一幅以墨写边准（原注：今俗呼解行也），用十六行式，（原注：言一幅解为墨边十六行也。）率一行不过十一字。”而宋赵彦卫《云麓漫钞》（卷三）曰：“释氏写经，一行以十七字为准，故国朝试童行诵经，计其纸数，以十七字为行，二十五行为一纸。”据程氏、赵氏所说，行数、字数各有定式，今所见唐以前之卷子本，似不尽相符，惟释氏写经则以每行十七字为准耳。

缣帛或纸之横幅可以卷舒者，谓之卷，或谓之卷子。卷心之轴，两端露出于卷外如车轴者，谓之轴。轴之材，或用琉璃，或用牙，或用玳瑁，或用珊瑚，或用金，或用紫檀，或用柟檀，或用漆。其牙与琉璃之色，或红，或绀，或白，或青，

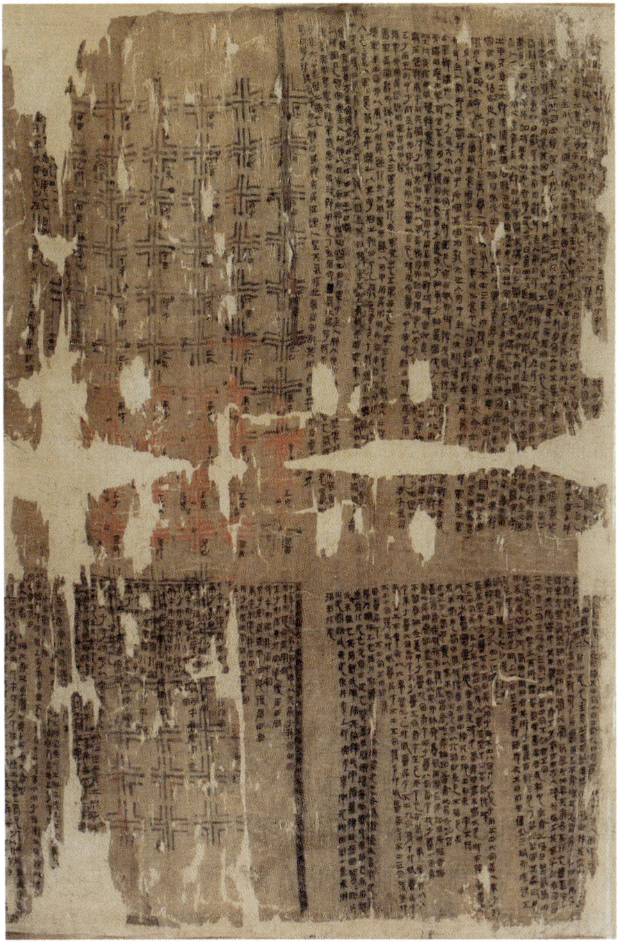

马王堆汉墓出土帛书

或绿。《隋书·经籍志》曰："炀帝即位，秘阁之书，限写五十副本，分为三品：上品红琉璃轴，中品绀琉璃轴，下品漆轴。"《唐六典注》（卷九）记集贤院四库书曰："其经库书钿白牙轴，黄带，红牙签；史库书钿青牙轴，缥带，绿牙签；子库书雕紫檀轴，紫带，碧牙签；集库书绿牙轴，朱带，白牙签，以为分别。"唐武平一《徐氏法书记》曰："先后（则天）阅法书数轴，将拓以赐藩邸。时见宫人出六十余函于亿岁殿曝之，多装以镂牙轴，紫罗褾，云是太宗时所装。其中有故青绫褾玳瑁轴者，云是梁朝旧迹。"唐张怀瓘《二王等书录》记宋明帝所装之二王法书，有珊瑚轴者二十四卷，金轴者二十四卷，玳瑁轴者五十卷，旃檀轴者五百三十七卷。记梁武帝所装者凡七百六十七卷，并珊瑚轴。记唐太宗所装者凡一百二十八卷，并金缕杂宝装轴。然则古书之装轴，有种种材料，可谓穷奢极侈矣。但余疑轴之制不尽通体一律，或卷心用木，而两端以杂质饰之。观唐张彦远《法书要录》（卷十）"右军书记"中记褚河南监装之卷，率多紫檀轴首，白檀身，可证也。

缣帛或纸之一端既卷入轴内，而他端则以其他材料粘连之，裹于卷外，以为防护，今俗称包首，古谓之褾。褾字之本义，为领袖之缘饰，此装于卷端，故亦谓之褾。褾首系丝织品以缚之，其名谓之带。梁徐陵《玉台新咏序》所谓"散此縚绳"，即指此也。褾有用紫罗者，武平一、张彦远记唐太宗装轴用紫

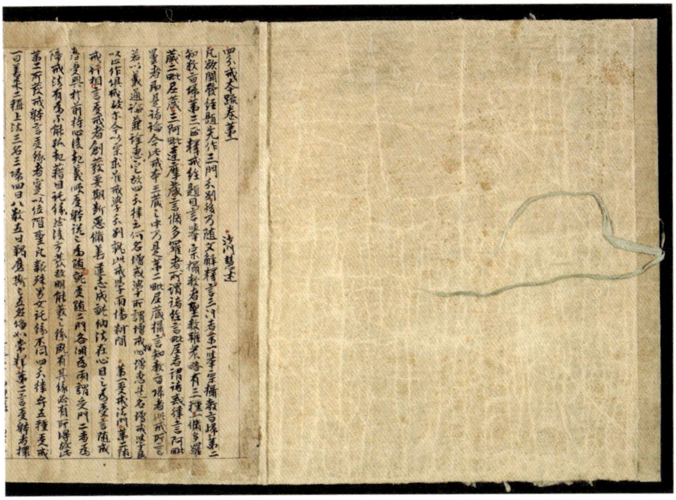

敦煌写经《四分戒本疏卷第一》褾首

罗褾是也。有用锦者，窦臮《述书赋》所谓“鸾舞锦褾”，张怀瓘《二王等书录》记张芝、张昶书“用旃檀轴锦褾”是也。有特织者，徐浩《古迹记》记路琦家所得羲之书，“其褾是碧地织成，褾头一行，阔一寸，黄色织成”是也。有用纸者，武平一记安乐公主取二王书，“去牙轴纸褾，易以漆轴黄麻纸褾”，是也。其带则有分色者，有用织成者，唐四库书分黄、缥、紫、朱四色（见上），分色者也。张怀瓘记梁武帝装二王书以织成带，张彦远记唐太宗命褚河南监装之二王书，亦以织成带，用织成者也。

法国人伯希和在敦煌藏经洞中拣选经卷照片，远处为敦煌经卷原始保存方式

卷之外有帙,《说文》(七):"帙,书衣也,袠,帙或从衣。"此乃防卷轴摩擦易损,故为物以裹之,又或因一书卷轴繁多,易致散失或紊乱,故为物以束之。卷轴在内,帙在外,如人之衣服,故谓之书衣。但无论如何裹束,其两端则仍露于外也。《御览》(卷六〇七)引《中经簿》曰:"盛书有缣袠、青缣袠、布袠、绢袠。"《后汉书·杨厚传》:(厚祖父)春卿自杀,临命,戒其子统曰:"吾绨袠中有先祖所传秘记,为汉家用,尔其修之。"张怀瓘《二王等书录》记唐太宗装二王书卷,用织成帙,而梁《昭明太子集》(卷一)咏书袠诗曰:"擢影兔园池,抽茎淇水侧。……幸杂湘囊用,聊因班女织。"似书袠虽用缣、布、绢、绨等为之,而仍以竹为里也。《鸣沙石室秘录》记敦煌所出卷子,其外皆以细织竹帘包之。日本正仓院藏唐代杂物,有经帙,皆以细竹为纬,各色绢丝为经,以织成之,四周有锦缘,一端有带。其一并织成"依天平十四年岁在壬午(七四二年,当唐天宝元年)春二月十四日勅,天下诸国每塔安置《金字金光明最胜王经》"等字,殆即所谓织成帙也。今卷轴之制度,尚因书画而保存,而帙之制度,则已久废矣。其每帙所包之卷轴,数亦不等,多以卷轴之大小多寡定之,其最普通者为每帙十卷。晋葛洪《西京杂记序》曰:"(刘)歆欲撰《汉书》,编录汉事,未得缔构而亡。故书无宗本,止杂记而已。失前后之次,无事类之辨,后好事者以意次第之,始甲终癸为帙,帙十卷，合为百卷。”此后汉之以十卷为帙也。梁《昭明太子集》前有刘孝绰序曰：“谨为一帙十卷，第目如次。”《隋·志》有“《周易》一帙十卷，卢氏注”。此六朝之以十卷为帙也。唐陆德明《经典释文序》曰：“合为三帙三十卷，号曰《经典释文》。”魏徵《群书治要序》曰：“凡为五帙，合五十卷。”此唐之以十卷为帙也。宋李清照《金石录后序》曰：“装卷初就，芸藏缥带，束十卷为一帙。”此宋之以十卷为帙也。然此殆于卷轴繁多者，匀分之为若干帙。梁阮孝绪著《七录》，每录分若干部，每部分若干种，而又总计其帙数与卷数。其一部中之种数多者，无由确知其分帙之卷数。而一部仅一种者，其帙数卷数，则显而易见，如《子兵录》阴阳部一种一帙，录外之《声纬》一帙，皆为一卷。《子兵录》农部一种一帙，则为三卷。录外之《文字集略》一帙，三卷；《序录》一帙，则为四卷。录外之《古今世代录》一帙，则为七卷。录外之《杂文》一帙，则为十卷。录外之《高隐传》一帙十卷，《序例》一卷，则为十一卷。录外之《序录》二帙一十一卷，则以十一卷分置二帙，必五卷或六卷为一帙矣。若然，则无论卷轴之多寡，皆有帙以防护之，而卷轴多者，分帙亦无标准也。

卷轴以帙裹束，置于架上，每患不易检寻，故有签以为标识。《唐六典》注谓集贤院四库书用牙签，以红、绿、碧、白分经、史、子、集。唐韩愈《送诸葛觉往随州读书诗》亦曰：“邺侯家多书，插架三万轴。一一悬牙签，新如手未触。”皆言签之材质，为象牙所制。但余以为普通书签，未必皆用牙，必有用木或纸或帛者。此种书签，既为便于检寻而设，则其上当记其书名及卷数，此又可推测而知者也。

丙、册叶

卷子之长幅，一端有褾，如欲检阅后幅，非将全卷展开不可。手续既极繁重，时间又不经济，故不得不谋改革之法。纸之篇幅本不如缣帛之长，当时因欲因袭缣帛之形式，不能不将各纸粘连，以就卷子之制度。今既感觉不便，只有使之不连，解为散叶之一法。此种散叶，便谓之叶子。宋欧阳修《归田录》(卷二)曰：“唐人藏书皆作卷轴，其后有叶子。其制似今策子，凡文字有备检用者，卷轴难数卷舒，故以叶子写之，如吴彩鸾《唐韵》、李郃《彩选》之类是也。”程大昌《演繁露》(卷十五)曰：“古书不以简策，缣帛皆为卷轴，至唐始为叶子。”是叶子即未经粘连之散叶，对卷子而言，便称叶子，俗又写作页。散叶既为便于检阅而设，则装置之法，自应变卷舒为折叠。此种折叠之制，仍因袭编连众简之称，谓之为册。故唐宋以后之册子，即指册叶而言，非复简册之册。《演繁露》(卷七)曰：“近者太学课试，尝出‘文武之道布在方册’赋，试者皆谓册为今之书册。不知今之书册，乃唐世叶子，古未有是也。”可见宋时简册久废，册之一字，久为纸叶书籍之定名矣。今称散叶谓之叶，积叶谓之册，总称折叠之制，则谓之册叶。

在卷子解散为叶子之时，先有旋风叶，而后有散叶，宋张邦基《墨庄漫录》(卷三)曰："裴鉶《传奇》载成都古仙人吴彩鸾，善书小字，尝书《唐韵》鬻之……世间所传《唐韵》，犹有□旋风叶，字画清劲，人家往往有之。"所谓旋风叶者，谓以卷轴之长幅，变卷舒以为折叠，自首至尾，可以循环翻检，今俗称经折式，唐宋之时谓之旋风叶。释教经典，至今犹有作此式者。

自册叶之式发明，而后有刊版印刷之法。盖卷轴为长幅，无从割裂，自有叶子而后，每叶有一定字数，由一叶以至于十叶百叶，自为篇幅，而递相衔接，以一叶为一版，而编次其数。积行而成叶，积叶而成册，积册而成部，而后书籍之制日臻于进化，至今日而未变。其装订之法，最初以每叶反折之，粘其版心之背，使两旁之余幅向外，不用线订，谓之胡蝶装。谓摊书之时，中有粘着，两旁各半叶，如胡蝶之有两翼也。其外则以纸或帛为护叶，裹于书背，而亦粘其中缝，今俗谓之裹背装，以别于线装之护叶上下各半叶也，宋时初改册叶，多为胡蝶装，书版之左上角，往往于阑外刻书之篇题一小行，为便于翻检而设。今之装法，既以版心向外，而刻书者犹于此处刻字，殊可笑也。胡蝶装所以有版心者，一以志书版之名目

宋刊《册府元龟》书影

卷第，使印刷或装订时不致紊乱，一以留粘贴之余地，使读者不致碍目。故书名之在二三字以上者，往往摘取其一二字以著之，绝无意义可言也。其庋置之法，乃以书背向上，书口向下，排比植立，不似线装之垒置者。何以知之，以北平图书馆藏原装宋本《欧阳文集》《册府元龟》等书，其书根上皆写书名卷第，自书背至书口，一行直下，而书口余幅之边际，皆曾受摩擦也。其分卷之法，不必以一卷为一册。有一册之中容数卷者，则以异色之纸或帛，粘贴于每卷首叶之书口，以为识别，如西文字典之标 AB 等字母之法，为其便于检寻也。北平图书馆藏《文苑英华》为宋景定元年（一二六〇年）装背，其每卷首叶即有黄帛标识，可以为证。此种装式，至元初犹存，不知废于何时也。

胡蝶装之书叶皆单层，纸薄者尤易使正面与正面粘着，致翻检时多见纸背，故其后以书叶正折之，使书版两旁之余幅皆向书背，而版心之书名卷第皆向书口，于检寻更觉便利，于是版心遂有书口之称。其实胡蝶装时并不以为书口也。叶既正折，则两旁余幅转而向后，可以钻钉，故以纸捻钉之。仍

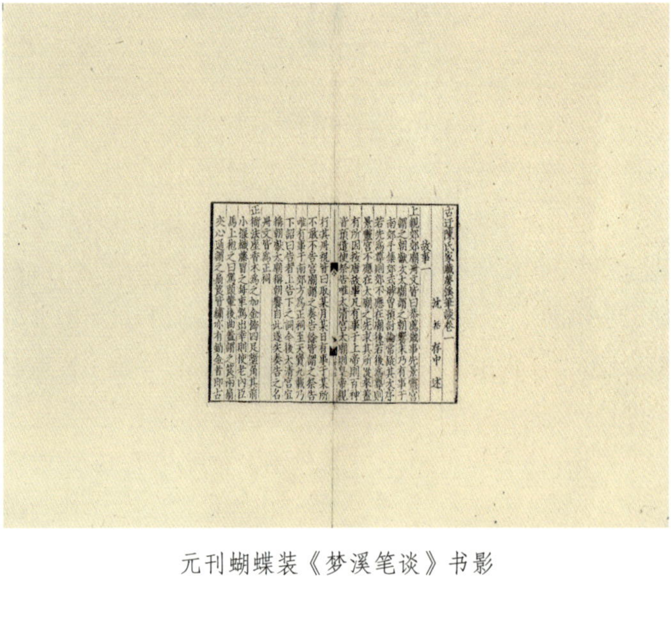
古迂陳氏家藏夢溪筆談卷一
沈括 存中 述
故事一
上親郊廟冊文皆曰恭薦歲事先景靈宮
謂之朝獻次太廟謂之朝饗末乃有事于
南郊予集郊式時曾預討論常疑其次序
若先為尊則郊不應在廟後若後為尊則
景靈宮不應在太廟之先求其所從來蓋
有所因按唐故事凡有事于上帝則百神
皆預遣使祭告唯太清宮太廟則皇帝親
行其冊祝皆曰取某月某日有事于某所
不敢不告宮廟謂之奏告餘皆謂之祭告
唯有事于南郊方為正祠至天寶九載乃
下詔曰告者上告下之詞今後太清宮宜
稱朝獻太廟稱朝饗自此遂失奏告之名
冊文皆為正祠
正衙法座香木為之加金飾四足墮角其前
小偃織藤冒之每車駕出幸則使老內臣
馬上抱之曰駕頭輦後曲蓋謂之筤兩扇
夾心通謂之扇筤皆繡亦有銷金者即古

元刊蝴蝶装《梦溪笔谈》书影

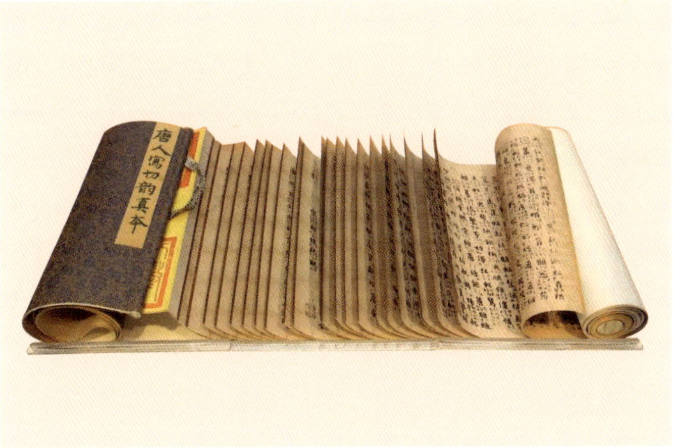

唐王仁昫《刊谬补缺切韵》书影

加护叶，以裹背法装之。其后复以裹背不便于裁切书背，乃改护叶为上下各一叶，而以线钉其书背，即今所谓线装也，线装之书，固较胡蝶装易于检寻，然其弊则书口往往易开裂。今书贾装旧书最喜衬纸，一衬纸而书口必不能保，此尤可恨也。改胡蝶装为线装，不过略变其装置之法，于版片初无区别。且胡蝶装之版心，至线装时而更著其效用。惟图画之书，利于反折，若改线装，则判而为二，如阮元仿宋刻《绘图列女传》，原书为胡蝶装，仿刻则为线装，阅者即感其不便矣。

一九四七年秋，故宫博物院收得唐王仁昫《刊谬补缺切韵》一卷，为海内佚书。其装潢虽为卷子，而内含散叶二十四叶。盖以两纸裱成一叶，故两面有字。其装为卷子也，则以第一纸裱于卷内。自第二叶起，仅以叶之一端粘着卷上，以次错叠，如鱼鳞然。卷之则成卷轴，不见散叶之迹。宋濂跋称其“装潢之精，出自宣和内匠”，是犹北宋原装也。其后虽有“洪武叁拾壹年肆月初玖日重装”字样，意必修整原装，未更形式也。元王恽《玉堂嘉话》（卷二）：“吴彩鸾《龙鳞楷韵》，柳诚悬题……其册共五十四叶，鳞次相积，皆留纸缝，天宝八年制。”与此卷形式相同，盖即龙鳞装也。

册装之有函，亦如卷轴之有帙，所以防护之也。现在的制

清宫原藏函套装《金刚般若波罗密经》

度有二种：一种是以硬纸为里，而外糊以布帛，函其四面，而露其两端，其名谓之帙，俗谓之函，其制即由卷轴之帙蜕变而来，不过改软为硬耳。一种是以木板两块，上下夹之，其名亦谓之帙，俗又谓之夹板。函之口为牙或骨之签二以键之，遂因牙签之旧名。板之两端横贯两带以束之，遂因带之旧名。其实并与卷轴异制矣。此两种制度，以言防护，则板不如函，然函是糊成，易生蠹，不适于卑湿之地，故南方多用夹板。

以上所说古今书籍之材质及形式之变迁，皆根据已往之记载，更证以遗留之实物，考其大略如是。罣漏之处，恐不能免。尚希望当世博雅之士，补其阙遗，正其谬误，则幸甚矣。

书册制度补考

余嘉锡 撰

书册制度补考

余嘉锡 撰

序

沈兼士先生以故宫博物院文献馆将出特刊，征文于余，余于掌故之学未尝究心，愧未有以应也。虽然，文献馆所藏者以档案为多，考其制度，如表、题、奏、咨、移、牒、关、札、呈、揭、禀、状、说帖、履历之类，以及各种试卷，皆用折叠本，故奏曰奏折，亦曰折子，说帖曰手折，朝考试卷曰白折子。此乃沿用书册之制，宋人所谓叶子也。但书册已由叶子改为蝴蝶装，又改为线装，而官文书仍用叶子者，为其可粘连为一，叠成公案，以防遗失抽换也。朱子谓修书之式，只似公案折叠成沓，知宋时公案固如此矣。今官文书已改为散叶装钉本，旧制既亡，后世必有致叹于觚之不觚者。夫必书册之制显，而后档案之制明。考书册制度者，《诂经精舍文集》中有汪继培、徐养原《周代书册制度考》，金鹗《汉唐以来书籍制度考》，（亦录入《学海堂经解》《经义丛钞》。）其文皆略而不详。其后有叶德辉《书林清话》中书之称册、书之称卷、书之称本、书之称叶数篇，及日本人岛田翰《书册装潢考》（在

《古文旧书考》中），法人沙畹《纸未发明前之中国书》（冯承钧译本）诸篇，皆不免时有舛误。至近世王静安先生作《简牍检署考》（在《雪窗丛刻》及《王忠悫遗书中》），而后简策之制大明。今人马叔平先生作《中国书籍制度变迁之研究》（见《图书馆学季刊》第一卷第二期），取证实物，附以图象，又前人所未及也。余以暇日浏览群书，颇有所得，尝欲综合为一书，因循未果。今取平时所札记者条列之，著于篇，题曰《书册制度补考》，以补诸家所未备。其为诸家所已引用者，则不复详。随手捃摭，漫无义例，不足以言著述，姑以塞沈先生之请云尔。至于雕版源流，此篇概未之及，当别为文论之。

杀青缮写

《御览》卷六百六引《风俗通》曰："刘向《别录》云'杀青'者，直治竹作简书之耳。新竹有汗，善朽蠹，凡作简者，皆于火上炙干之。陈、楚间谓之汗，汗者去其汗也。吴、越曰杀，亦治也。刘向为孝成皇帝典校书籍二十余年，皆先书竹，改易刊定。'可缮写'者，以上素也。由是言之，杀青者竹，斯为明矣。"案，此应劭释刘向《别录》"已杀青书可缮写"之语也。向凡作书录皆有此二语，劭因说明其义。以"直治竹作简书之"至"改易刊定"释"杀青"，以"以上素也"释"可缮写"，又以"由是言之"三句自证其释杀青为治竹作简之不误，文义甚明。可见除“杀青”“可缮写”五字之外，皆应劭之语。唐章怀太子贤注《后汉书·吴祐传》乃云：“杀青者，以火炙简令汗，取青易书，复不蠹，谓之杀青，亦谓之汗简。义见刘向《别录》。”此盖误读《风俗通》，以应劭语为《别录》语也。而洪颐煊、严可均等皆从之，辑《风俗通》语入《别录》佚文，（自“杀青者”起至“去其汗也”止。马国翰则至“炙干之”止，无下二句。）叶氏《书林清话》亦沿其误，今为辩之如此。观应劭之言，则古人用竹简写书之法，足可了然矣。“可缮写”者，释玄应《一切经音义》卷七引《三苍》云：“缮，治也。”盖言已书于竹简，可就加缮治传写也。黄生《字诂》云：“《说文》：写，传置也。《礼记》：器之溉者不写，其余皆写。注谓传之器中是也。”盖传此器之物于他器谓之写，因借传此本书书于他本亦谓之写。古云“杀青缮写”，又云“一字三写，乌焉成马”，又云“在官写书，亦是罪过”，皆此义也。

书　本

《文选·魏都赋》注引《风俗通》曰：“案刘向《别录》：雠校，一人读书，校其上下，得谬误，为校。一人持本，一人读书，若怨家相对，故曰雠也。”（末四字，《文选》注无，从《御览》六百一十八补。）此与《御览》所引杀青缮写之文当是一章，亦只是应劭释雠、校二字之义，而诸家又辑入《别录》佚文，误也。《颜氏家训·书证篇》，数言江南书本。岛田氏《雕版渊源考》，谓书本之为言，乃对墨版而言之。叶氏书之称本篇以岛田氏说为大误，谓“本者因根而计数之词，书本由卷子折叠而成，其制当兴于秦汉间”云云。此其说皆绝可笑。刘向时固绝无墨版，即折叠本亦起于唐末，唐人写书皆用卷子，其事班班可考。今敦煌所得六朝唐人书，何尝有一折叠本，而谓其制兴于秦汉之间，不知何据。寻《风俗通》之意，一人持本者，持竹简所书改易刊定之本；一人读书者，读传写上素之书也。以油素之书写自竹简，则竹简为书之原本，故呼曰本。其后简策之制既废，写书者借人之书传录，则呼所借者为本。《后汉书·延笃传》注引《先贤行状》曰：“延笃欲写《左氏传》，无纸，乃借本讽之。”是其事也。凡书无不可传写者，因有书本之名矣。

笺

程大昌《演繁露》卷五云：“郑康成之释《诗》也，自名其语曰《笺》。崔豹《古今注》曰：‘毛公尝为康成乡州太守，故康成不敢与之齿躐，而以笺为言。笺，犹牋也，与牋记之牋同也。’此说迂也。古无纸，专用简牍，简则以竹为之，牍则以木为也。康成每条自出己说，以片竹书之，而列毛公之旁，故特名郑氏笺。”案，程说是也。今本《古今注》无此条，惟《博物志》卷四（士礼居本）云：“郑玄注《毛诗》曰笺，不解此义。或云毛公尝为北海郡守，玄是此郡人，故以为敬。”崔豹盖又就张华之说引申之，然其说实迂曲不可通。《说文》云：“笺，表识书也，从竹，戋声。”《梦溪笔谈》卷十四云：“戋，小也。水之小者曰浅，金之小者曰钱，歹而小者曰残，贝之小者曰贱，皆以戋为义也。”推此言之，则竹之小者曰笺矣。程氏以笺为竹片，深合字义。刘向《晏子书录》曰：“中书以夭为芳，又为备，先为牛，章为长，如此类者多，谨颇略椾（《玉篇》云，古文牋字），皆已定。”又《列子书录》曰：“或字误，以尽为进，以贤为形，如此者众。及在新书，有栈，校雠从中书，已定。”椾栈皆即笺也。盖简策之制，字与上下齐，无复余地，故读者欲有所表识，则削竹为小笺，系之于简。刘向校书，康成注《诗》，皆先书之于笺也。后世以纸写书，则有裁小幅纸为笺者矣。卷轴之悬牙签，盖亦笺之变。王氏所言简策版牍之制详矣，未尝及笺，故为补之。

卷　子

岛田氏引《尚书故实》谓率以一丈二尺为轴，马氏谓长短无定制。案：马说是也。《东观汉记·桓谭传》曰“谭著书，号曰《新论》，光武读之，敕言卷大，令皆别为上下”，则其长可知。《晋书·礼志》，挚虞表曰“《丧服》一卷，卷不盈握”，则其短可知。然则卷之长短，亦视其文之多寡也。但太长，则不便卷舒，故有分一卷为上下者；太短，则不能成轴，故有合数篇为一卷者。一丈二尺，举其中制言之耳。《释名》卷六《释书契》云：“卷，绻也，相约束缱绻以为限也。”卷子既长至丈余，或且过之，不可引之至尽，故读者必展其卷，且读且舒之。《南齐书·王僧虔传》：诫子书云：“汝开《老子》（当作《老》《易》）卷头五尺许，未知辅嗣何所道，平叔何所说，马、郑何所异。”《世说·文学篇》云：“庾子嵩读《庄子》，开卷一尺许，便放去。”《宋史·贾黄中传》云：“黄中方五岁，父玭每

敦煌藏经洞所发现经卷

旦令正立，展书卷比之，（此可见宋初尚有用卷子者。）谓之等身书，课令诵读。”皆其事也。黄中以五岁之童子，展卷比之，计所读不过二三尺。后人误以读等身书称人之博学，由不知卷子之制也。

素贵纸贱

马氏已据《书钞》一百四引崔瑗《与葛元甫书》：“今送《许子》十卷，贫不及素，但以纸耳。”知当时犹以纸为不敬。今案，《书钞》同卷引《三辅决录》云：“韦诞奏蔡邕自矜能兼斯高之法，非纨素不妄下笔。”又考《魏志·文帝纪》注引胡冲《吴历》曰：“帝以素书所著《典论》及诗赋饷孙权，又以纸写一通与张昭。”此并可见虽纸已盛行，而习俗写书作字，仍贵素而贱纸也。

糊　缝

马氏云：“纸之篇幅不如帛长，则以数纸连为一幅，其接缝之处，以胶粘连之。”敦煌所出卷轴，虽至断烂，未有脱落者。今案，《真诰》卷十九自注云：“此中有三君所书真受（谓真人口授之语也），后人糊连装擒，分为二十四篇。”又云：“三君书，有全卷者，并有首尾完具。其余或五纸，三纸，一纸，一片，悉后人糊连相随，非本家次比。”然则古人粘缝仍用糊，

一旦失所在
上清六甲靈飛隱道服此真
此真書當得其人按四極明
者皆列盟奉贈啓誓乃宣之
人過年限足不得復出洩也

唐人《灵飞经》局部，纸本墨迹

非胶也。又考窦臮《述书赋》自注云："皇象写《春秋》哀公上第二十九卷，其纸每一大幅有一缝线联合之。"盖皇象所用必是幡纸，故可用线缝联，此昔人所未知也。

唐人写书纸

古人所用纸种类颇多，具见诸类书及《文房四谱》中，然不必是写书之纸。《职官分纪》卷十五引韦述《集贤记注》云"陈代有大建至德年所写书卷，皆用短幅黄牒纸，齐、周书纸墨亦劣，隋代旧书最为丽好，率用广陵麻纸缮写"云云，此可见六朝时写书之纸代有不同。唐人写书承隋代之旧，大率用麻纸、藤纸。《唐书·艺文志》云："集贤书院学士太府月给蜀郡麻纸五千番。"《唐会要》卷三十五云："大中四年二月集贤院奏，大中三年正月一日以后至年终，写完贮库及填阙书籍三百六十五卷，计用小麻纸一万一千七百七张。"又卷六十五云："贞元三年八月秘书监刘太真奏准贞元二年八月二日敕，当司权宜，停减诸色粮外，纸数内停减四万六千张，伏请于停减四万六千张内却供麻纸及书状藤纸一万张，添写经籍。"《唐六典》卷九云："集贤所写，皆御本也。书有四部，分为四库。四库之书，两京各二本，共二万五千九百六十一卷，皆以益州麻纸写。"唐李濬《松窗杂录》云："内起居注，率以五十幅黄麻纸为一编。"就此诸书观之，知用麻纸多于用藤纸者矣。又《六典》卷十“秘书省有熟纸匠十人”，卷二十六“崇文馆有熟纸匠三人”。邵博《闻见后录》卷二十八云：“唐人有熟纸，有生纸。熟纸，所谓妍妙辉光者，其法不一。生纸，非有丧故不用。”是也。宋董逌《广川书跋》卷六有硬黄一条云：“硬黄，唐人本用以摹书。唐又有书经纸，此虽相近，实则不同，惟硬厚者知非经纸也。”又卷十《书宝章集》云：“古人治纸，要自有法，故以缣帛依旧书长短，随事截之，则为幡纸，以生布作纸丝□缍始（此有误字），故名麻纸，以树木皮作纸名谷纸。至檗汁涅染，点治槌装，则为经纸。自汉、魏遗字多用幡纸，晋、宋多用麻纸，而隋、唐多用经纸。”逌分麻纸与经纸为二者，麻纸盖未经槌治之生纸，必经潢治，而后用以写经，其纸较薄于硬黄，盖即所谓熟纸也。然宋赵希鹄《洞天清禄集》则云：“硬黄纸，唐人用以书经，染以黄蘖，取其辟蠹。以其纸加浆，莹泽而滑，故善书者多取以作字。”是书经之纸即是硬黄，与董逌说不同，未详孰是。

黄纸写书

古人书有先写后染黄者，有用黄纸写之者。《陆士龙集》卷八《与兄平原书》（第三十五首）云：“前集兄文为二十卷，适讫一十，当黄之。书不工，纸又恶，恨不谨。”《齐民要术》卷三有“染潢及治书法”，云：“凡打纸欲生则坚厚，特宜入潢。

凡潢纸，灭白便是，不宜太深，深则年久色暗也。入浸蘗熟即去滓，直用纯（《学津》本误作统，据《群书校补》改）汁，费而无益，蘗熟漉汁，捣而煮之，布囊压讫，复捣煮之，三捣二煮，添和纯汁者，费省功倍。又弥明净写书经：夏热后入潢（原误黄），缝不绽解。其新写者，须以熨斗缝缝，熨而潢之。不尔，入则零落矣（原脱矣字，据校补增）。豆黄特（原误作大）不宜裛（原作裹，未详孰是。），裛（原脱）则全不入黄（原误潢）矣。"观《要术》所言，可以知先写后潢之法矣。姚宽《西溪丛语》卷下云："唐秘书省有熟纸匠十人，装潢匠六人。（案，《六典》卷二十六崇文馆亦有熟纸匠三人，装潢匠五人。）潢，《集韵》音胡旷切。《释名》：染纸也。《齐民要术》有装潢纸法，（所引《要术》太略，今删去，别引如前。）盖染黄也。后有雌黄治书法云：潢讫治者佳，先治入潢，则动。《要术》，后魏贾思勰撰，则古用黄纸写书久矣。写讫入潢，辟蠹也。今惟释藏经如此，先写后潢。"据此，是宋人写佛经犹用此法。然荀勖《上穆天子传叙》云："谨以二尺黄纸写上。"（此事岛田氏已引。）《晋书·刘卞传》云："卞至洛，得入太学，试经，为台四品，吏访问，令写黄纸一鹿车。卞曰：刘卞非为人写黄纸者也。"高似孙《纬略》卷八云："晋中经有黄纸楷书。"《太平广记》卷二百五十三引《谈薮》云："司马消难见朝士皆重学术，积经史，消难切慕之，乃卷黄纸，加之朱轴，诈为典籍，以矜僚友。尚书令济阳江总戏之曰：‘黄纸五经，赤轴三史。’”此皆即用黄纸写书，未尝先写后潢。且荀勖、刘卞均在贾思勰之前，姚宽知其一，未知其二矣。宋景文《笔记》卷上云：“古人写书尽用黄纸，故谓之黄卷。颜之推曰：‘观天下书未遍，不得妄下雌黄。’（见《勉学篇》。）雌黄与纸色类，故用之以灭误。今人用白纸，而好事者多用雌黄灭误，殊不相类。道、佛二家写书，犹用黄纸。《齐民要术》有治雌黄法。或曰古人何须用黄纸，曰蘗染之，可用辟蟫。今台家诏敕用黄，故私家避不敢用。”依此而言，似白纸书始于宋时。自书不用黄纸，而败于蠹鱼者多矣。然宋时馆阁中自有黄纸书。《续资治通鉴长编》卷一百八十九云：“嘉祐四年二月置馆阁编定书籍官，别用黄纸印写正本，以防蠹败。”《麟台故事》卷二《书籍篇》云：“嘉祐四年，置馆阁编定书籍官，其后又置编校官四人，以《崇文总目》收聚遗逸，刊正讹谬，而补写之。又以黄纸写别本，以防蠹败。至嘉祐六年，三馆秘阁上所写黄本书六千四百九十六卷，补白本书二千九百五十四卷。”《梦溪笔谈》卷一云：“今三馆秘阁四处藏书，然同在崇文院。其间官书多为人盗窃，士大夫家往往得之。嘉祐中，置编校官八员，杂雠四方书，给吏百人写之，悉以黄纸为大册写之，自是私家不敢辄藏。”是宋时馆阁书自有黄本、白本两种，惟私家不敢藏黄本耳。《麟台故事》卷一《官联篇》又云：“元祐中，秘书省职事官与馆职之外，又置校黄本书籍，盖校书之比也。”夫特为黄本置官，则黄本重于白本矣。然今宋版书世间不乏，而黄纸宋写本绝不一见，岂非藏于官者易遭兵燹之厄欤？《建炎以来系年要录》卷一百五十一云：“绍兴十四年，诏诸军应有刻版书籍，并用黄纸印一帙送秘书省。”自此以后，黄本书不复见于纪载矣。

乌丝栏、界行

岛田氏尝引《大唐书仪》之铅栏，《国史补》《书史》《广川书跋》《宝真斋法书赞》诸书之乌丝栏，又引《后汉书·襄楷传》及《吴志·孙策传》注之于吉神书白素朱界，意谓界即是栏也。余按《国史补》云：“宋亳间有织成界道绢素，谓之乌丝栏、朱丝栏。”界道者，谓行格也。而《书史》则云：“黄素《黄庭经》，上下是乌丝织成栏，其间以朱墨界行。”是栏与界又不同。盖浑言之，皆可谓之栏；析言之，则上下匡为栏，直行为界耳。明方以智《通雅》卷三十二《器用篇》曰：“乌丝，笺之画栏者也。自六朝即用墨栏，后或以花为栏。《霍小玉传》（案，见《太平广记》卷四百八十七）：赵州姬乌丝栏（案，《广记》原作‘出越姬乌丝栏’，此误）素段（案，原作缣）三尺授李生（案，原作以授生），生授（案，原作援，此误）笔成章。（此下此引李肇语，已见前，不录。）许浑有乌丝栏手书诗，见

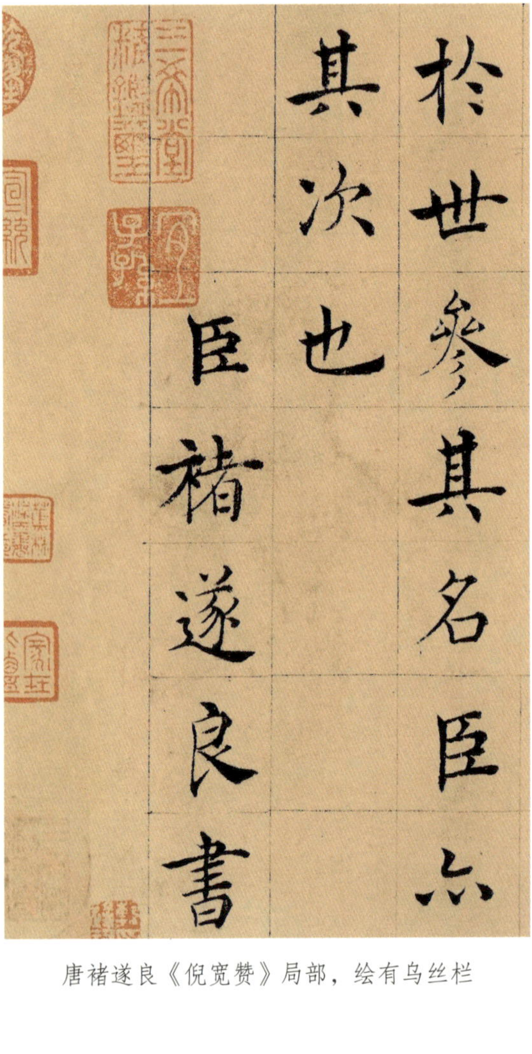

唐褚遂良《倪宽赞》局部，绘有乌丝栏

海岳《书史》。(案，浑所写今体诗上下卷，乌丝栏，曾藏宋御府，见《宣和书谱》卷五。南渡后归岳珂，见《宝真斋法书赞》。宋末为马子卿所藏，见周密《云烟过眼录》卷下，云许浑乌丝栏绢上书所作诗，大轴，佳。)广川跋云：翟湛尝以乌丝栏求黄鲁直(《通雅》原脱鲁字，今补)书苏子瞻和(原脱此字)渊明诗。”案，岛田氏不引《霍小玉传》，盖未见《通雅》也。余泛览群书，又得数条，为补于此。《真诰》卷六自注云：“从前卷至此，凡八纸，并更手界纸书。”(谓晋杨羲所书)。宋陈槱《负暄野录》卷下云：“《兰亭序》，用鼠须笔，乌丝栏，茧纸。”所谓茧纸，盖实绢帛也。乌丝栏，即是以墨间白织其界行耳。袁文《瓮牖闲评》卷六云：“黄素细密，上下乌丝织成栏，其间以朱墨界行。”此正所谓乌丝栏也。赵彦卫《云麓漫钞》卷四云：“宋景文修《唐书》用表纸朱界，贴界以墨笔书旧文，傍以朱笔改之。”《珊瑚网·法书题跋》卷一载明王偁跋褚登善《倪宽赞》真迹云：“乌丝阑唐界墨而细，宋人淡墨而理粗，此唐界、宋界之别。惟作方眼格子，为对待书，则自唐始，六朝以前无是也。”如偁言，则画纸作方格亦名乌丝阑矣。以上诸条，可见绢与纸皆有界行，或织或画，或朱或墨，其式不一。至宋程大昌《演繁露》卷七引《李义山集新书序言》以墨为边准，程氏谓今俗呼解行，可见唐宋时又有边准、解行之名。叶氏书之称本篇已引之，兹不复详。

装　背

古人于锺、王法书辄连数纸以至数十纸装为一卷，梁虞和《论书表》（见《法书要录》卷二）言之甚详，盖所以免散失也。然张彦远论装背褾轴谓凡图书本是首尾完具之物，不在辄议割截改移之限，是则大篇长幅亦复装背矣。今敦煌所得六朝、唐人手写书卷皆单层纸无装褾者，论者遂谓古纸厚于今纸，故不须装背，其实不然。唐秘书省、崇文馆皆有装潢匠。所谓装者，必兼装背言之，不仅接缝褾轴也。且唐人搴书之纸较写经纸尤为硬厚，（见前引董逌语。）书画尚须装背，岂书籍独不可装背乎？盖书画多是前贤名迹，为后人所宝爱，故装大幅生纸于背，以防断烂。然法书之中本有经史，名画之内亦多图籍。如窦臮《述书赋》所载皇象手写《春秋》，徐浩《古迹记》所载王羲之手书《论语》，及《名画记》所载《韩诗》《论语》等图是也。如此等类，或其他奇书秘笈，亦必装背矣。特今敦煌所得书皆民间通行之本，初非珍异，故仅用单纸耳。张彦远引李吉甫家云："背书要黄硬。"《孙可之集》卷十《读开元杂报》云："因取其书，帛其漫（《唐文粹》卷四十九作缦）。"宋任广《书叙指南》卷五因云："背书曰帛其缦。"是皆唐人装书之证也。明胡应麟《经籍会通》卷四云："自汉至唐犹用卷轴，卷必重装一纸，表里常兼数番。"是亦谓

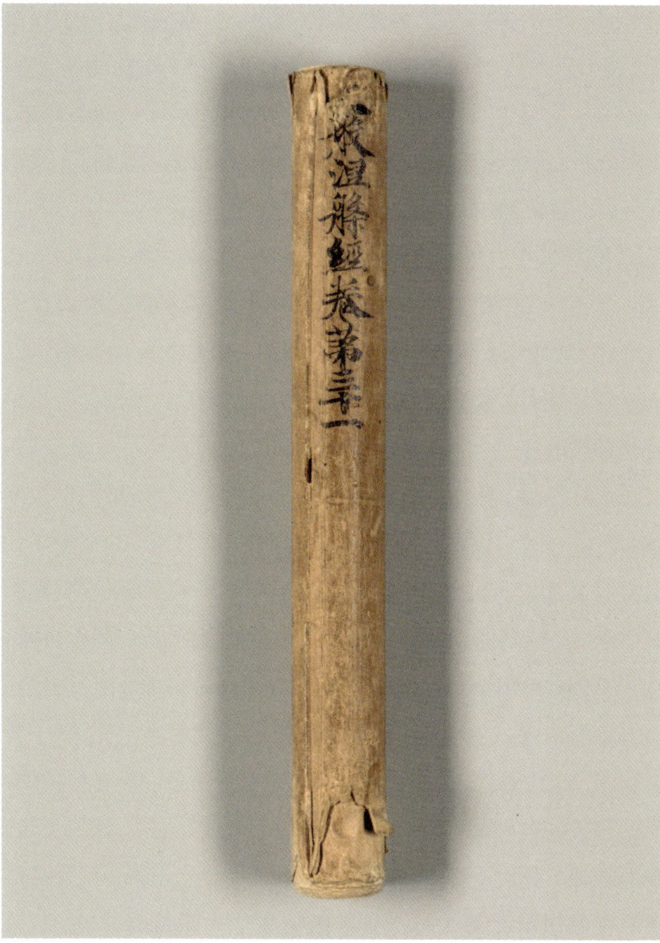

隋代敦煌写本《大般涅槃经》残卷

卷子必须装背矣。至于装背之法，则窦臮、张彦远言之最详。臮《述书赋》卷下云：“必也易背以时，（原注：时在正夏。）受彩无欺。敏洽和之妙道，得润软之成规。（原注：用面调适，厚阴以成。）疏密苦乐，殊形异宜。（原注：厚薄完蠹。）上约下丰，始增末裨。（原注：接上下前后例。）沽将实名，位充合离。（原注：改拆署榜余地。）或附卷均端，足使其夷。（原注：薄而蠹者。）或鸣砧妥帖，然后呈姿。（原注：厚而完者。）探寻源流，志逸肥遁。辑合剪截，躬劳不闷。明齐短长，暗决分寸。诚忽忽于或躁，祛悢悢之遗恨。”彦远《历代名画记》卷三论装背褾轴云“自晋代已前，装背不佳，宋时范晔，始能装背。宋武帝时徐爰，明帝时虞龢、巢尚之、徐希秀、孙奉伯编次图书，装背为妙。梁武帝命朱异、徐僧权、唐怀克、姚怀珍、沈炽文等又加装护。国朝太宗皇帝使典仪王行真等装褫，起居郎褚遂良、校书郎王知敬等监领。凡煮糊，必去筋，稀缓得所，搅之不停，自然调熟。余往往入少细研薰陆香末，出自拙意，永去蠹而牢固，古人未之思也。汧国公家背书画，入少蜡，要在密润，此法得宜，（原注：赵国公李吉甫家云，背书要黄硬，余家有数帖黄硬书，都不堪。）候阴阳之气以调适，秋为上时，春为中时，夏为下时。暑湿之时，不可用。勿以熟纸，背必皱起。宜用白滑漫薄大幅生纸。纸缝先避人面及要节处，若缝缝相当，则强急，卷舒有损，要令参差其缝，则气力均平。太硬则强急，太薄则失力”云云。臬及彦远所论，虽皆为书画言之，要之古人装背书卷之法，亦不外此矣。

补　书

《颜氏家训·治家篇》云：“借人典籍，皆须爱护，先有缺坏，就为补治，此亦士大夫百行之一也。”是则补书之法，由来旧矣。唐人写经中间有挖补处，粘贴极平，非细察之不能见。古人为此自有法。《齐民要术》卷三“染潢及治书法”云：“书有残裂，郦方纸而补者，率皆挛拳（学津本原脱此字，据《群书校补》增，下同），瘢疮硬厚，瘢痕于书有损（原脱）。裂薄（原误萍）纸如韮叶（原误粟）以补织，微相入，殆无际会，自非向明举而看之，略不觉（原误卷）。补裂若屈曲者，还须于正纸上逐屈曲形势裂取而补之，若不先正元理，随宜裂斜（原误科）纸者，则令书拳（原误卷）缩。”然则古人于修补残缺及粘贴误字，盖皆用此法也。至于久而不落，则由所用之糊调和得宜，或有薰陆香、黄蜡诸药物耳。元程端礼《读书分年日程》乃云“凡钞书之法，亦须改正底本分明，然后剪纸帖之，写净，切不可镂去误处为孔补帖，久之脱去，文义不可晓矣，切戒”云云。不知补贴之纸，可裂不可剪，剪则四面斩齐，与原纸不相亲，且又调糊不得法，安得不脱去乎？

元王振鹏《伯牙鼓琴图》局部，图中侍者所捧即为裹有书帙的典籍

书　帙

《说文》以帙为书衣，其制则岛田氏、马氏叙之已详。叶氏《书之称函》篇引谢灵运《书帙铭》、昭明太子咏书帙诗为证。案，《文苑英华》卷五百五十一有是仪鬻书衣于市，（是仪《吴志》有传。此假设之词，或亦仪有是事也。）或人告其不仁，判辞云："书衣创制，编册攸资。厕绿篋以相耀，杂紫荷而交映。是仪所鬻，非法贻讥。既多谢于缇油，徒获愆于倍市。"缇油见《汉书·黄霸传》，云："别驾主薄车，缇油屏泥于轼前。"《后汉书·刘盆子传》注云："赤屏泥，谓以缇油屏泥于轼前。"然则缇油者，乃是用缇帛染之以油，所以免沾濡。读此，判知书帙之表有用缇油者矣。帙用缣布绢绨等为之。（马氏说。）缇者，帛丹黄色也。（《文选·西京赋》注引《字林》。）《书钞》卷一百四引《华佗别传》云："佗以绿缣为书帙。"又引《晋中兴书》云："傅玄盛书有素缣帙。"《真诰》卷十八云："梦得一帙，有小四卷书，皆细青布为帙，两头红色，书皆是素。"史铸《会稽三赋》注云："浅黄色书衣曰缃帙。"是五色缣布皆可为帙。其制织竹成帘，而以缣布为之表里，亦有用绫锦者。《职官分纪》卷十五引《集贤记注》云"签帙：经库用黄牙锦花织竹书帙签。史库红晕锦花织竹帙，绿碧牙签。子库、集库绯晕锦花织竹帙，子白牙签。又有红色绿牙轴装。

集库缺本书，白牙黄花轴绿装。经库副本，其书帙悉以紫轴绫绿草绿方丈绫为里”。《集贤记注》，唐韦述所撰，所记乃开元、天宝间集贤书院之制。时当唐代盛世，故一书帙之微，华丽如此。元《河南志》卷一云：“归义坊福胜禅院，后唐清泰中曹太后为明宗追福建院。殿东有经藏，经帙（原作秩）纯缘，皆用太后宫中衣服裁制，今尚鲜明。”是又有以旧衣裁作书帙者。陈继儒《群碎录》云：“书曰帙者，古人书卷外必有帙藏之，如今裹袱之类。白乐天尝以文集留庐山草堂，屡亡之，宋真宗令崇文院写校，包以班竹帙，送寺。余尝于项子京家见王维画一卷，外以班竹帙裹之，云是宋物。帙如细帘，其内袭以薄缯，观帙字巾旁可想也。”继儒曾亲见宋帙，故说其制甚明，叶氏乃谓竹织者当称函，又谓梁以前帙以裹书，梁以后帙以函书，皆杜撰无故事。如《集贤记注》所载之书帙，非织竹成之者耶，何以谓之帙，不谓之函耶。帙之盛书，大抵以十卷为率，多者亦不过十一二卷。而武平一《徐氏法书记》言，宫人出六十余函，每函二十余卷，别有一小函，可有十余卷。（见《法书要录》卷三。）则函之所盛较帙为多，当是书椟之类，非帙也。马氏又引张怀瓘《二王等书录》（在《法书要录》卷四内），记唐太宗装二王书卷用织成帙，并载日本正仓院所藏天平十四年（当唐天宝元载）《最胜王经》帙图，上有织成花纹二团，周回以文字绕之，凡三十有四，以为之证。今考《职

日本正仓院藏《最胜王经》书帙

官分纪》引《集贤记注》云："隋代旧书，青赤二色，琉璃轴，五色绮带，织竹帙，紫玄黄表，上织成有御正、御副等字。"则书帙上织成文字，古已有之，张怀瓘所言梁武帝、唐太宗之织成帙，盖亦如此，怀瓘言之不详耳。宋范成大《骖鸾录》云："衡岳寺，孟氏有蜀时特来施此寺藏经，其帘帙则蜀人户部侍郎欧阳彬所施，织文妙绝。"范氏又作《吴船录》，记峨眉白水普贤寺所藏太宗、真宗、仁宗三朝赐物云："经书则造于成都，用碧硾纸销银书之。卷首悉有销金图画，各图一卷之事，经帘织轮相铃、竹器物及天下太平、皇帝万岁等字于繁花缛叶之中，今不复见此等织文矣。"经帘盖即经帙，所言形制，与正仓院所藏者正相类，而华缛似犹过之。然范云不复见此等织文，则南宋之时已无能织此类花样者矣。

叶子、旋风叶、册叶

欧阳脩《归田录》卷二说叶子格，因谓唐人藏书皆作卷轴，其后有叶子，其制似今策子。凡文字有备检用者，卷轴难数卷舒，故以叶子写之，如吴彩鸾《唐韵》、李郃《彩选》之类是也。而张邦基《墨庄漫录》卷三谓世间所传彩鸾《唐韵》犹有旋风叶。钱曾《读书敏求记》卷三又言曾从延令季氏睹彩鸾真迹，逐叶翻看，展转至末，仍合为一卷。（见《跋云烟过眼录》。）以此三书参看，则叶子之制可知矣。《说郛》卷四十八引宋侯延庆《退斋笔录》记徽宗语，谓苏轼在哲宗朝所上章，哲宗以一旋风册子手自录次。程大昌《演繁露》卷十五云：“古书皆为卷轴，至唐始为叶子，今书册是也。然古竹牒已用叠简为名，顾唐始以缣帛卷轴改为册叶耳。”大昌所谓册叶，即欧阳所谓策子、徽宗所谓旋风册子。然则叶子也，旋风叶也，册叶也，同实而异名者也。岛田氏谓旋风叶者，叠折成册，两折一张褾纸，概粘其首尾于褾纸，其翻风之状，宛转如旋风。此说得之。岛田所谓褾纸，即护叶也。旋风叶之护叶，必以整张纸包其前后而粘联之，今之册叶，则上下护叶各只半张，露出书背，惟此为异耳。叶氏《书之称本》篇，说之殊不了了。按《广川书跋》卷十《宝章集跋》云：“余尝见墨迹，尽作硬黄纸，次第屠（原注：侧入切）戹（原注：‘真立切。《集韵》曰：从后蹑之也。《说文》：屠戹，谓少也。’案，今《说文》无‘谓少也’三字。段玉裁曰：‘《吴都赋》作插壛，善曰枝柯相重叠皃。’）如梵经，此乃唐人临拓而得者。”元王恽《玉堂嘉话》卷二云：“吴彩鸾《龙鳞楷韵》，后柳诚悬题云：吴彩鸾，世传谪仙也，一夕书《广韵》一部，时大中九年九月十五日题，其册共五十四叶，鳞次相积，皆留纸缝。”所谓“次第屠戹如梵经”，及“鳞次相积”，皆可悟叶子即是册叶。故欧阳公曰其制如今策子也。唐时人人作诗赋，韵书家置一编，如今人之用字典，以其翻阅之频，感于卷舒之不便，故卷轴之改叶子自韵

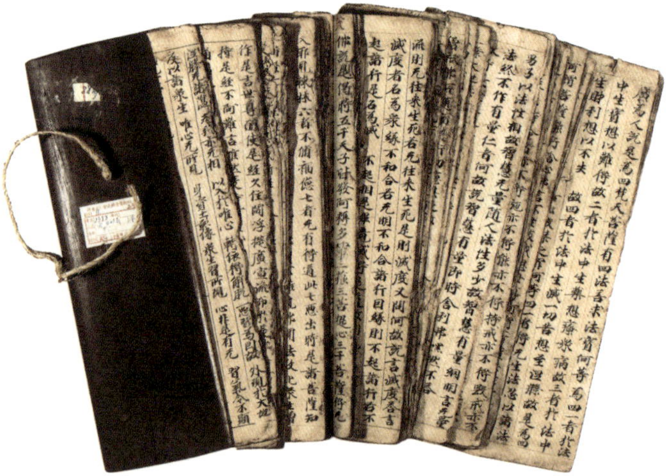

五代梵夹装《思益天所问经》书影

书始。据《爱日斋丛钞》卷一引柳玭家训序，则唐末雕版亦自字书小学始，皆因其行用之广也。元王祯《农书》（明刻本）于目录集之一下附说云：“古之文字，皆用竹帛，逮后汉始纸为之，乃成卷轴，（卷轴实起于缣帛，此言非是。）以其可以卷舒也。至五代后唐明宗长兴二年诏九经版行于世，俱作集册，今宜改卷为集。”集册盖谓折叠成叶子，集而为册也。然则五经自有刻板已作册叶矣。宋王巩《闻见近录》云：“国书严重，未有如玉牒者，祖宗以来，用金花白罗纸、金花红罗褾、黄金轴，神宗时诏为黄金梵筴，以轴大难披阅也。”梵筴者，折叠本也，故今人犹呼册叶为经折。然则宋时官书虽严重如玉牒，亦改为册叶矣。朱子《晦庵文集》卷六十三《答余正甫书》云："修书之式，只可作小卷，疏行大字，（原注：欲可添注。）每段空纸一行，（原注：以备剪贴。）只似公案，折叠成沓（字典引《篇海》云轻礼切），逐卷各以纸索穿其腰背。（原注：史馆修书例如此，取其便于改易也。）"然则宋时史馆之修书，官府之公案，皆用册叶矣。自书籍改为蝴蝶装，而叶子不复行。然佛家之经，考试之卷子，吏胥之案卷，书画碑帖之装裱，犹有作册叶者，则叶子之制，未尽亡也。

蝴蝶装

元吾丘衍《闲居录》云："古书皆卷轴，以卷舒之难，因而为折，久而折断，复为簿帙。原其初，则本于竹简绢素云。"此其说书册制度之变迁，可谓要言不繁。叶子之变为蝴蝶装，其故可知矣。蝶装之制，岛田氏、叶氏、马氏叙之已详。然考之前人书中，殊不多见。惟《明史·艺文志序》云："秘阁书籍，皆宋元所遗，无不精美，装用倒折，四周外向，虫鼠不能伤。"蝴蝶装之优于线装，数语尽之。然则凡宋元本皆作蝴蝶装，史有明文。叶氏谓此等装式，元初犹存，以所藏王应麟《王会解践阼解注》为证，陋矣。阮福摹刻《绘图列女传序》云："此册旧为蝴蝶装，如今之册页，作两翼相合对之形。今摹刻之本，乃反折之，如两翼相背。盖以线装为今书之式，不得不与宋人蝴蝶装相反。”此说蝴蝶装与线装形式之不同，亦殊明了。而岛田氏袭用其语，乃谓蝴蝶装为反折之，如两翼相背，是直不通文义矣。臧庸堂《拜经堂文集》卷二《书左氏音义校本后》云：“汲古阁宋板卷末有戳记云‘国子监崇文阁官书’八大字两行为上排，又云‘借读者，必须爱护，损坏阙失，典掌者不许收受’十八小字为下排，印于纸背。盖宋时装订用蝴蝶式，故反正皆可披读，不若今之穿眼线钉也。”案，臧氏谓反正皆可披读者，特指此书言之，谓其印之在纸背者可见耳，其实他书纸背皆不印字，无可读者。若宋元本之以公牍废纸印者，（详见《书林清话》卷八《宋元明印书用公牍纸背及各项旧纸》。）则其反而尤不可读也。其后书册虽改线装，然地图犹是蝴蝶装。今之洋装书，盖亦其类，但两面有字耳。

粘　叶

旋风叶之制，翻阅固便，但其书背与护叶不相联属，书口一旦破裂，则片片分离，不可收拾。故蝴蝶装之制，裁为散叶，而粘其纸背之中心于护叶，不用线钉，马氏说之详矣。然宋人亦有用线钉者，以其不如糊粘之耐久，故多不用耳。《墨庄漫录》卷四云：“王洙原叔内翰尝云：作书册，粘叶为上，岁久脱烂，寻其次第，足可钞录。屡得逸书，以此护全。若缝

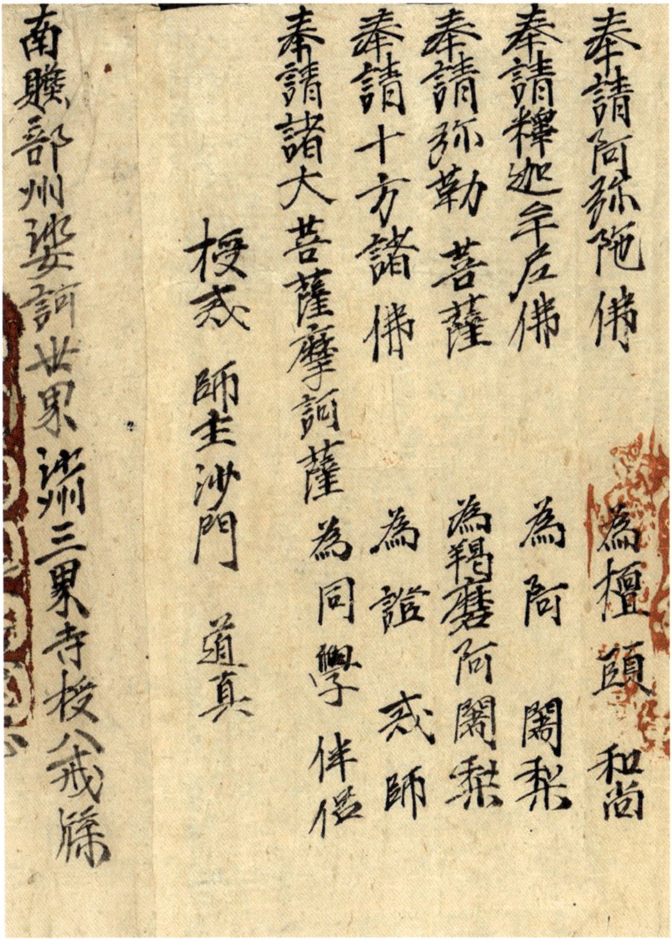

敦煌出家戒牒局部，可见当时粘接纸缝技艺

缋，岁久断绝，即难次序。初得董氏《繁露》数册，错乱颠倒，伏读岁余，寻绎缀次，方稍完复，乃缝缋之弊也。尝与宋宣献谈之，宋悉令家所录者作粘法。予尝见三馆黄本书及白本书，皆作粘叶，上下栏界出于纸叶。（此句不可解，俟再考。）后在高邮，借孙莘老家书，亦如此法。又见钱穆父所蓄，亦如此。多只用白纸作标，硬黄纸作狭签子。盖前辈多用此法。予性喜传书，他日得奇书，不复作缝缋也。”夫粘叶脱烂与缝缋断绝，其颠倒错乱一也，而王洙谓粘叶虽脱，尚可寻其次第者，蝴蝶装之法，以十数叶为一叠，叶叶相粘，而后总粘于护叶，积数叠而成册，纵岁久脱烂，而其各叶之相粘者必不全脱，故易次第，不似缝缋者线断之后，则叶叶分散也。（今之线装因先用纸捻钉之，故线断而书如故，蝴蝶装无纸捻，故易散乱。）然糊粘而能历久不脱，后人不喻其故。不知古人于选纸调糊，自有法耳。陆游《老学庵笔记》卷二云：“前辈传书，多用鄂州蒲圻县纸，云厚薄紧慢皆得中，又性与面粘相宜，能久不脱。”明陶宗仪《辍耕录》卷二十九引王古心先生《笔录》内一则云：“方外交青龙镇隆平寺主藏僧永光，字绝照，访余观物斋，时年八十有四。话次问光：‘前代藏经接缝如一线，岁久不脱，何也？’光云：‘古法用楮树汁、飞面、白芨末三物调和，以之粘接纸缝，永不解脱，如胶漆之坚。’”张萱《疑耀》卷五云：“今秘阁所藏宋版诸书，皆如今乡会试录，谓之蝴蝶装。其糊经数百年不脱落。”亦引王古心《笔录》为证。按，糊中入楮汁、白芨自佳，然不能辟蠹。考《元秘书监志》卷六，至元十四年十月裱褙匠焦庆安计料到裱褙书籍物色，内有打面糊物料，为黄蜡、明胶、白矾、白芨、藜蒌、皂角、茅香各一钱，藿香半钱，白面五钱，硬柴半斤，木炭二两。（此后有画轴打面糊物料，药品与此相同，惟分两有异。）此方配合尤精，盖本之张彦远用薰陆香、黄蜡之意而推衍之，必是宋秘阁相传之旧。永光之说，疑出自传闻，故所载药料未能完备也。今宋、元本之作蝴蝶装者，大抵秘阁之遗，犹有当时装背臣姓名，宜其粘叶虽经数百年，永不脱落矣。”

中国书装考

李燿南 撰

中国书装考

李耀南　撰

导　言

书有装潢之名，一见于《齐民要术》染黄治书法，再见于《唐六典》装潢匠。溯而上之，《周易》韦编，（皮之柔者为韦，用以编缀竹简，故曰韦编。孔子读《易》，韦编三绝。）亦装之法也。吴恢杀青，（后汉吴祐之父恢，杀青简写书。杀青者，以火炙竹，令汗，取其青易书，谓之杀青。亦曰汗简，又曰汗青。）又潢之意也。物质有变迁，故装式有不同。善读书者，睹衣冠而知家风，扪毫毛而辨虎豹，抑亦稽古之一助也。

上古至三代

八卦　三坟

上古洪荒之世，结绳为治。自伏羲画卦，始有书契。（《通考注》云：书者文字也，契者刻本而书其侧，故曰书契。）但一书开天，不过略垂宪象耳。其曰卦者，悬挂之意。卦字从圭从卜。是盖于高土之旁，悬挂一物，以示象也。（圭字，两土重叠。卜字，其故为高土之象，形下垂，故为悬挂之象，右缀一点，一物之象。）厥后三皇继出，书名《三坟》。（坟，大也，言大道也。）墳字从土从贲，贲文明之貌。是亦依土为文也。

竹　书

上古书契，初刻于木，（见前注。）字既无多，木亦未槧。嗣后文字繁孳，渐成篇章。因以竹为天然版片，且质又坚细，于是遂折以为用焉。

〔籅〕《尚书序》云：少昊、颛顼、高辛、唐、虞五帝之书。谓之“五典”。《说文》云：典字，从册在丌上，尊阁之也。典字、古文为籅，从竹，竹书当自此始。

〔简〕简字，从竹，从间。间，断也，断竹为简也。刘熙《释名》云：简，间也。编之篇篇有间也。《韵会》云：简，手版也。古制二尺四寸，短者半之。荀勖《穆天子传序》曰：《穆天子传》者，太康二年，汲县民发古冢所得书也。皆竹简素丝编，其简长二尺四寸，以墨书，一简四十字。

〔策〕《释名》云：策字，同笧，后人省写为册。盖连贯众竹简之象也。杜预《春秋序》曰：大事书于策，小事简牍而已。蔡邕《独断》曰：策者简也。《礼》云：不备百文，不书于策。其制长二尺，短者半之。其编次一长一短，单执一札，谓之简。连编众简，乃名为策。凡书字有多寡。一行可尽者，书之于简。数行可尽者，书之于方。（方，版也。谓版之一方也。）方所不能容者，乃书之于策。

〔篇〕篇字，从竹从扁，盖竹之扁平而成章者。《正韵》云：篇，成章也。凡文字首尾具者为篇，如《诗》三百篇。其一篇，即今之一首也。《论语》二十篇，其一篇，即今之一卷也。

〔符〕《释名》云：符，付也，书敕命于上，付使者以传行之也。古者禁令简便，凡有征调，以竹书付使合验，取为大信，故曰符。《六韬》云：主与将有阴符，凡八等。有大胜克敌之符，长一尺。破军擒将之符，长九寸。降城得邑之符，长八寸。却敌报捷之符，长七寸。警众坚守之符，长六寸。请粮益兵之符，长五寸。败军亡将之符，长四寸。失利亡土之符，长三寸。

〔簿〕〔籍〕颜师古曰：簿，计簿也。《孟子》云：先簿正祭器。《尚书 故实》云：籍，借也。借此简书，以记录政事，故曰籍。簿，籍，字皆从竹，其始皆以竹为之也。

木　书

《中庸》云：文武之政，布在方策。策为竹简，方即木版也。但古者木版为书，多用于疆域户口之记录，及官府文告或文书之类。因木版长宽任意，便于揭示也。今之布告牌示，仍书于木，盖本于此。

〔版〕何休曰：八尺为版。《周礼》曰：天官小宰，听闾里以版图。又曰：宫伯掌王宫之士庶凡在版者。《论语·乡党篇》曰：式负版者。朱熹注云：负版，持邦国国籍者。

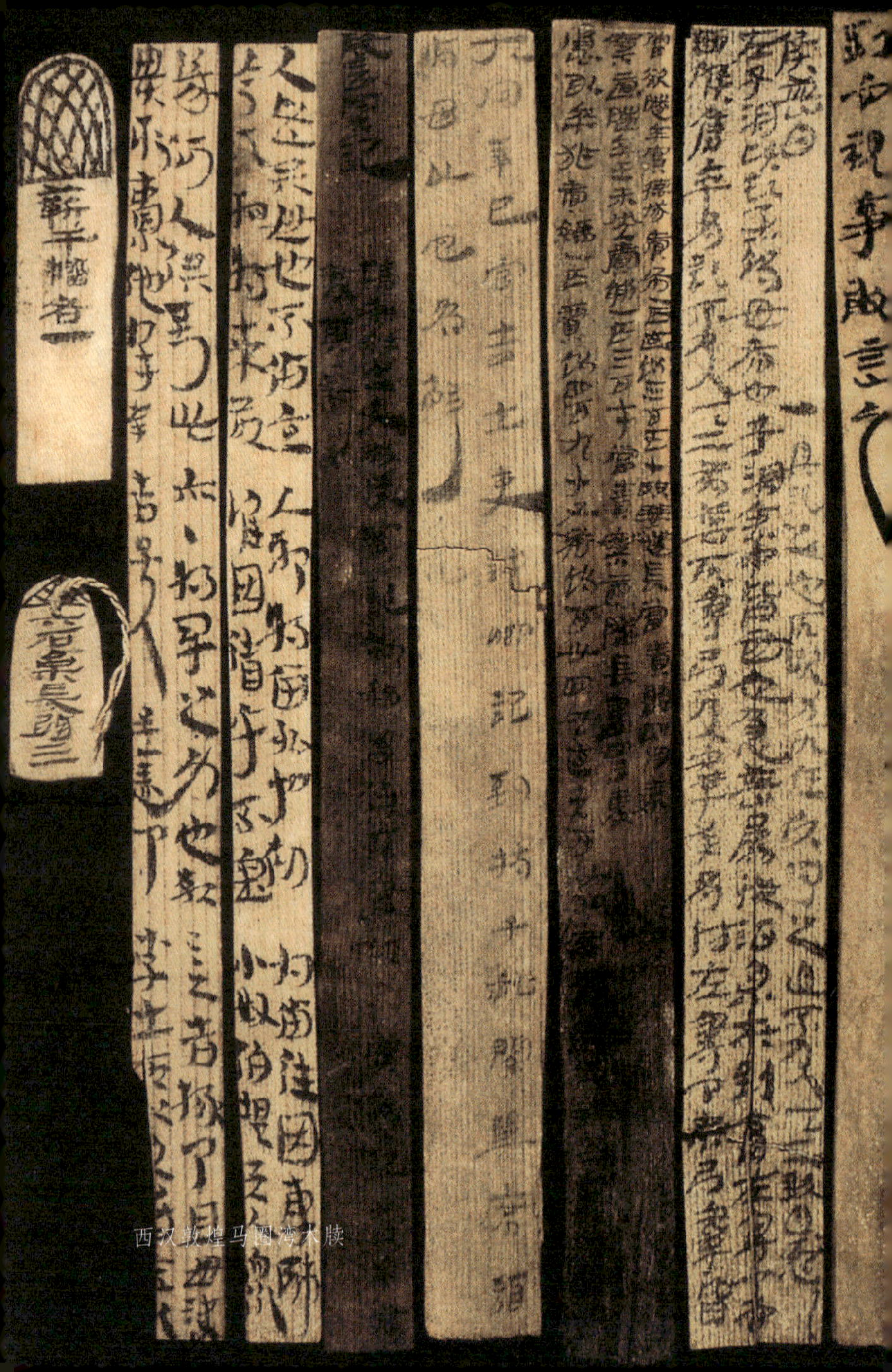

西汉敦煌马圈湾木牍

〔牒〕《文心雕龙》曰：牒，叶也，如叶在枝也，盖木版之薄而小者。古人谱录，及官府移文，多用之。《春秋左氏传》曰：赵简子令诸侯之大夫，输王粟。宋乐大心曰：我不输粟，我于王为客，若之何使客。晋士伯曰：自践土以来，宋何役之不会，何盟之不同，子焉得避之？右师（即乐大心）不敢对，受牒而还。

〔牍〕《说文》云：牍，书版也。未书曰版，既书曰牍。故今之文书，谓之文牍。古者以木长一尺为之，故今书札之类，又谓之尺牍。《韩诗外传》云：赵简子有臣周舍，立于门外，三日三夜。简子问其故，对曰：臣为君谔谔之臣，秉笔操牍，从君之后，伺君过而书之。

〔檄〕《释名》云：檄，激也，如水之激行也。《说文》云：檄，二尺书也。颜师古曰：檄者，以木简为书，二尺，专用征召也。有急则加以羽，示迅速也。《文心雕龙》曰：震雷始于曜电，出师先乎声威。兵先乎声，其来已久。周穆王西征，祭仲谋父称古有威让之命，有文告之辞，即檄之本源也。暨乎战国，始称为檄。《玉海》云：檄，军书也。晋侯使吕相绝秦，檄书始于此。《史记·张仪传》云：仪常从楚相饮，楚相亡璧，意仪盗之，掠笞数百。既相秦，为檄告相曰：吾从汝饮，不盗汝璧；善守吾国，我且盗汝城。

秦汉至隋唐

帛　书

三代以前，书用竹木。字皆篆书。秦时狱讼繁剧，文牍日多，竹木既已难成，篆书复又不易，于是始变篆为隶，(隶，皂隶也。皂隶所书简易，故曰隶书。)以帛代竹木。帛之长短，随事以为截绢。然而竹木之书，至汉时仍不废也，如郑玄之《毛诗笺》，(《博物志》云：郑玄释《诗》，别为注文，附毛公之下，而自名曰笺，谓别以片竹书之，列毛《传》之旁也。)陈遵之尺牍成策，(《汉书·陈遵传》云：遵善书，与人尺牍，主人皆藏之以为策。)东方朔之三千奏牍。(《史记·滑稽传》云：东方朔初入长安，至公车上书，凡用三千奏牍，人主从上方读之，二月乃尽。)皆仍以竹木为之。故当时言书者，多以竹帛并称。

〔缣帛〕《文献通考》云：初光武迁洛阳，其经牒秘书，载之二千余辆。及董卓移都之际，军民扰乱，诸藏典策文章，竟共剖散。其缣帛图书，大则连为帷盖，小则制为縢囊。所收而西者，才七十余乘。道路艰远，复弃其半矣。《汉书·苏武传》云：武使匈奴十九年，匈奴诡言武死。后汉使至匈奴，言天子射上林中，得雁足有系帛书，言武等在某泽中，单于顾左右惊谢。

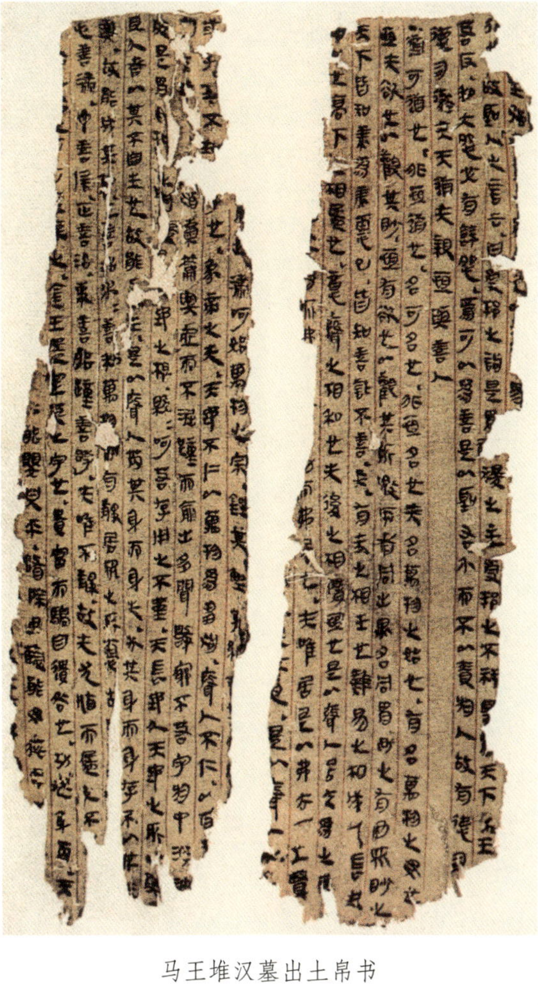

马王堆汉墓出土帛书

〔帙囊〕《说文》云：帙，书衣也。古者书衣即书囊，因古书皆为卷子，以囊盛之也。《后汉书·杨厚传》云：厚祖父春卿，善图谶学，为公孙述将。汉兵平蜀，春卿自杀，戒子统曰：吾绨帙中，有先祖所传秘记，为汉家用，尔其修之。《文献通考》云：魏荀勖总括群书，分为四部。盛以缥囊，书用缃素。《晋中兴书》云：傅玄盛书，有青缣帙、布帙、绢帙。梁昭明太子咏书帙诗曰：擢影兔园池，抽茎淇水侧。幸杂缃囊用，聊因班女织。唐陆龟蒙《书铭》云：太古之时，何尝有欺。逮于结绳，民始相疑。惟简与牍，断竹折木。累必充庭，负必折轴。韦缊一绝，错乱名目。浸务轻省，捣枲剥谷。胶缀番番，恣其所便。虫篆更隶，形模易宣。上下古今，卷舒蝉联。薰曝囊郁，疵乎不坚。又取珉石，琢磨雕镌。由简牍下，其存四迁。

纸　书

秦汉时，缣帛之书，亦谓之纸，故纸字从系。但帛价甚昂，而贫者又无力为书。汉和帝时，蔡伦始捣树肤麻头，及破布鱼网，以为纸。自是而后，写书者不复再求竹木矣。

〔生纸〕〔熟纸〕《齐民要术》云：凡打纸特宜入潢。潢，蘖汁也。蘖浸熟后，捣而煮之。布囊滤滓压讫，复捣煮之，三捣三煮，取汁入书蠹虫不生。《永乐大典》谓此即熟纸匠也。《唐六典》云：秘书省有熟纸装潢匠十人，弘文馆有熟纸装潢匠八人。明吴楚材《疆识略》云：唐人有生纸熟纸，熟纸妍妙辉光，生纸非有丧不用。韩退之《送孟效序》用生纸写，言急不暇择也。

卷　轴

古时竹简之书，凡文字首尾具者，则称篇。(详见前。)自书用帛与纸而后，则随事截缉，皆为长卷。故书之编次，不曰篇而曰卷。卷者捲也，中贯一轴，旋转卷舒，故谓之卷轴。今书亦以卷称，盖本于此。

《文献通考》云：晋惠怀之时，京华荡覆。石渠阁文籍，靡有孑遗。东晋之初，渐更鸠聚。其见存者，但为三千一十四卷。宋武帝收其图籍，府藏所有，才四千卷。赤轴青纸，文字古拙，又云：隋平陈后，经籍渐备。炀帝即位，重行诠次，得正御本三万七千余卷，又写五十副本。分为三品，上品红琉璃轴，中品绀琉璃轴，下品漆轴。其正御本，皆装翦华净，宝轴锦标。(《大业拾遗记》云：炀帝于观文殿前两厢为书室，各十二间，每一间十二宝厨，前设方五香象床，装以金玉，春夏辅九重簟，秋设凤绫花褥，冬则加锦毡。其各十二间，南北通闪，玲珑相望，绮井华榱，晖映溢目。每三间开一方户，户垂锦幔，上有二飞仙当户。户外于地中设机，帝幸书室，则有宫人擎香炉在前。去户一丈，脚践机发，仙人乃下阁，放幔而上，阁扉即开，书厨亦启，若自然，帝出则垂闭如故。附此以见炀帝书室之珍丽。)《玉海》云：唐开元时，两京各聚书四部，列

清《四库全书简明目录》精抄卷子本

经史子集四库，皆以益州麻纸写。其本有正有副，轴带帙签，皆异色以别之。经库，钿白牙轴，黄带，红牙签。史库，钿青牙轴，缥带，绿牙签。子库，雕紫檀轴，紫带，碧牙签。集库，绿牙轴，朱带，白牙签。唐韩愈诗曰："邺侯家多书，藏书三万轴。"

折本　卷子本　叶子

卷轴之书，读者卷舒为劳。因将长卷折叠成折，伸缩检阅，较为方便，如今手折之类，名为折本。久之，则折又易断；于是乃将折之右一旁，用胶缀定，而仅翻动其左一旁，谓之卷子本。因其原为卷子，而又折叠为本也。其时亦有将长卷裁截为叶者，故又有叶子之称，即今之书册是也。

〔卷子本〕《古逸丛书目录》云：影旧抄卷子本《琱玉集》二卷，疑日本遣唐学生之所为，末题天平十九年（当唐天宝六载）。唐时卷子本旧式也。又云：影旧抄《日本见在书目》一卷，记唐代赍来日本之书，皆卷子本。

〔叶子〕宋欧阳脩《归田录》云：古人藏书，皆作卷轴。后有叶子，因卷轴难于卷舒，故以叶子写之。宋《后山谈丛》云：古书皆为长卷，至唐始有叶子，今称书册。敦煌石室经卷，唐以前人写，间有小册，与今之书册同。

五代至炎宋

蝴蝶装

书自有叶子而后，读者以较长卷为便。但叶子易于散乱，复又连缀以成册。迨五代雕版大兴，印书全用叶子，于是装制书册之法乃益精。其法将叶子反折，以胶缀其折后之骑缝，而使两旁向外，如蝴蝶两翼外张，故曰蝴蝶装。

宋时蝴蝶装，其书衣皆硬壳。书底外标名称卷数，皆直行写下。盖原书置放时，以书口以下直立，此与近来新书之硬皮嵌字、竖立置放者，大致相类。又有每卷起首，用各色小绢条，粘于书口外以别之。此又与现今之西文大辞典等书，将起首字母，挖一小洞于书口外者，其用意亦相同。故今之所谓西装，谓为仿我古制可也。

《明史·艺文志》云：文渊阁书，皆宋元所遗，无不精美。书皆倒折，四周外向，此即蝴蝶装也。《古逸丛书目录》云：影宋本《庄子注疏》十卷，为日本新见旂山所藏。字大如钱，作蝴蝶装。

黄本　白本

古书皆用黄纸，所以防蠹败也。宋时写印各书，用黄纸者，谓之黄本。用白纸者，谓之白本。其有因白本蠹败而修补者，谓之补白本。后因诏敕用黄纸，书籍遂皆以白纸易之，不复再用黄纸矣。今人称书，犹曰黄卷，从古也。

《玉海》云：先是崇文院白本书，岁久多蠹。嘉祐四年，令陈襄、蔡抗、苏颂等，编定四馆书，用黄纸写印正本，以防蠹败。六年冬，秘书上黄本书六千四百九十六卷，补白本二千九百五十四卷。又云：先是判阁欧阳脩言秘阁初为太宗藏书之府，并以黄绫装潢，谓之太清本。后多宣取入内，请降旧本补写之。嘉祐七年，诏以所写黄本一万六百五十九卷，黄本印书四千七百三十四卷，悉送昭文馆。

装　褫

书自用帛与纸而后，久之则帛裂而纸破。后之人爱护古书，思欲保存遗迹，必须褫衣重装，故曰装褫。宋绍兴时，内府装褫，分设装背染古各科。其曰装背者，以古书破碎之后，装者补裂贴欠，必于其背。故谓之装背。（装背，一名揭背。因装褫之时，见有前此已经补背者，必须将前者揭去，始能再背，故又名揭背。）其有十分破碎，不堪装背者，亦必临摹真本，依古染色，故谓之染古。

〔装背〕《宋思陵书画记》云：搜访到古书真迹，先降付曹勋、黄冕、魏茂实等，定验进呈讫，再降付庄宗古分手装背。又云：古厚纸不许揭薄，若纸去其半，则损字精神，一如摹本矣。亦不许裁剪过多，既失古意，又恐将来不能再背。《古学汇刊善本书目》云：宋本《文苑英华》书衣后，有墨印“景定元年十月装背臣王润照管讫”等字一行，宋时原装也。

〔染古〕《宋思陵书画记》云：搜访到古书画内，有破碎不堪补背者，先令画房依原样对本临摹。进呈讫，再降付庄宗古，依原本染古。又云：六朝二王隋唐法帖，并诗赋杂文等，依古厚纸，不揭不背。降付庄宗古、郑滋，依真本纸色及印记，对样装造。

元、明、清

包背装

书既缀叶以成册，其缀之一边，即谓之书背。（一名书脑。）但包背装之背，与蝴蝶装之背，外虽相类，内实相反。盖蝴蝶装将叶之正面反折，而以所折之骑缝为背。包背装则将叶之正面正折，而以叶之边际为背。且蝴蝶装之背，仅以胶缀，易致脱落。一经破碎，补缀尤难。包背装则于背之边际，贯以绵性纸捻，复以书衣绕背包裹，故谓之包背装。其装始于元代，盛于有明，清初亦风尚焉。

清内阁旧藏元大德年补宋本前后《汉书》，均包背装原装。又大德九年陈梦根手写《徐仙翰藻》，亦包背装旧式。盖元大德后，始有此装也。明内府写本《御制集》及辽金元三史，均黄绫衣，包背装，此装至明代为最盛行。清翰林院旧藏《永乐大典》，其书高一尺七寸，宽一尺，原书一万一千九十五册，

明《永乐大典》残本书影

（见姚广孝等《进永乐大典表》。）为有明一代巨帙。以黄绫为衣，包背装。庚子之乱，翰林院被焚，全帙散佚殆尽。今学者争慕此书之美富，不惜以重金觅购，外人尤视若拱璧。近据徐水袁氏调查所见者，计海内外公私所藏，有二百八十六册。（见北平图书馆十八年月刊专号。）清乾隆四库全书共七部，分贮文渊、文溯、文源、文津、文汇、文澜、文宗七阁。每阁三万六千三百十五册，包背装，绫衣分四色：经库绿绫衣，史库红绫衣，子库蓝绫衣，集库灰绫衣。盛书用木函，函面嵌书名，函之长宽，全阁相同，其高低则随书之厚薄以制之。今

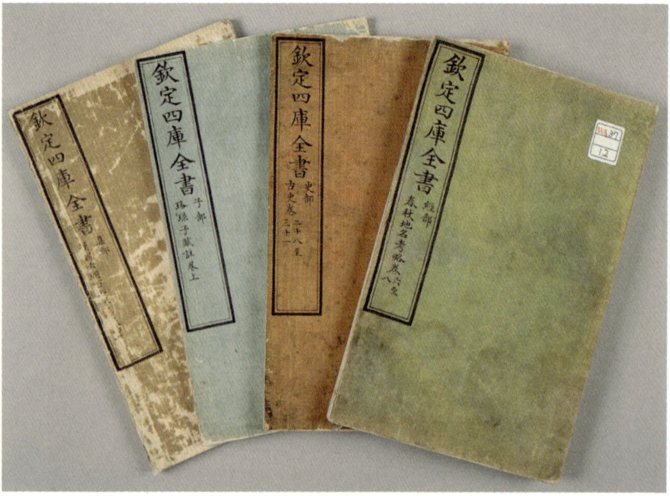

清文渊阁《四库全书》零本书影

则北方之文源阁，早已随圆明园以俱焚。所存者，仅北平图书馆之文津阁、故宫博物之文渊阁、辽宁之文溯阁而已。东南三阁，文汇、文宗，已全毁于太平天国之役。文澜亦焚失大半，丁氏补抄未毕。民国九年，复北借文津阁校写，始成完帙。然而千衲百补，已非昔日之旧矣。

线　装

书册由蝴蝶装变而为包背装，又由包背装变而为线装。推其递变之由，盖以旧书破碎之后，经一次装修，即有一次改变。假如蝴蝶装之骑缝一破，则胶缀无从，势必改为包背。包背装之边际一碎，则纸捻难施，势必改用线穿。始则变通一时，继则遂成风尚。凡物始兴，大抵皆然也。

线装既由包背装递变而来，而包背装之在明初至嘉靖中，最为盛行。然则线装之兴，当在明之万历时也。但线装书衣，必用软面，书册搁置，必须平身，非若蝴蝶装或包背装之硬壳为衣，尚能竖立置放也。然则背负经纶，角挂缥缃，其装已极精致矣。